Redaktion

Michael Jahnke, Sybille Kalmbach, Sonja Klotz, Heike Obergfell, Jens Weber

Impressum

Copyright 2004 Aussaat Verlag

Verlagsgesellschaft des Erziehungsvereins Neukirchen-Vluyn

Titelbild: Jens Weber

Illustration, graphische Gestaltung: Jens Weber, Duisburg

ISBN: 3-7615-5343-9

Best.-Nr.: 155 343

Printed in Germany

Religion praktisch 2

Michael Jahnke (Hg.)

Laternen, Lieder und ein halber Mantel

Mit Kindern Sankt Martin erleben

Theorie: Martin → Historisch

Martin von Tours

Martin von Tours ist in der Geschichte der katholischen (lateinischen) Kirche ein besonderer Heiliger. Während die anderen Heiligen aus den ersten Jahrhunderten der Kirchengeschichte ihre Heiligkeit durch ihren Märtyrertod erreichten, ist es bei Martin von Tours das vorbildliche Leben. Dieses Lebenszeugnis ist so eindrücklich, dass sich ein Brauchtum ausbildete, das bis heute überdauert hat. Vor mehr als 1600 Jahren wird Martin von Tours geboren. Ein asketischer Mönch, der lebt, was er predigt, der sich vor Christus beugt, um ihn herrschen zu lassen. Am 11. November 1997 wurde zum eintausendsechshundertsten Mal seines Todes gedacht.

„Mein Herr, es ist ein harter Kampf, den wir in deinem Dienste in diesem Dasein führen. Nun aber habe ich genug gestritten. Wenn du aber gebietest, weiterhin für deine Sache im Felde zu stehen, so soll die nachlassende Kraft des Alters kein Hindernis sein. Ich werde die Mission, die du mir anvertraust, getreu erfüllen. Solange du befiehlst, werde ich streiten. Und so willkommen dem Veteranen nach erfüllter Dienstzeit die Entlassung ist, so bleibt mein Geist doch Sieger über die Jahre, unnachgiebig gegenüber dem Alter."

Wenn diese überlieferten letzten Worte tatsächlich von Martin von Tours stammen, so sind sie das glaubwürdige Credo eines Mannes, der zuerst Soldat und Offizier in der römischen Armee ist, sich dann taufen lässt und Mönch wird und schließlich als Bischof von Tours sein Leben beendet.

Martin von Tours: Soldat und Offizier

Im Jahr 316 nach Christus wird Martin in Sabaria, Hauptstadt der römischen Provinz Pannonien, im heutigen Ungarn geboren. Es ist nicht viel überliefert aus den ersten Jahren seines Lebens. Sein Vater ist Offizier in der römischen Armee und Martin tritt mit 15 Jahren in die Fußstapfen seines Vaters. Es ist überliefert, dass Martin in einer Eliteeinheit, der berittenen kaiserlichen Leibgarde, dient.

Die tätige Nächstenliebe, an der sich das folgende Brauchtum festgemacht hat, ist Martin schon in diesen frühen Jahren zueigen. Er steht Kranken bei, bringt Menschen in Not Hilfe, speist Hungernde, bekleidet Nackte und behält von seinem Sold nur das zurück, was für das tägliche Leben unverzichtbar ist. Diese tätige Nächstenliebe macht auch bei seinen Kameraden Eindruck. Martin ist beliebt, vor allem wegen seiner Hilfsbereitschaft und Bescheidenheit. Als Soldat scheint er aber nicht unfähig gewesen zu sein: Er wird bereits nach kurzer Dienstzeit Offizier.

Die Teilung des Soldatenmantels

Um 334 war der achtzehnjährige Gardeoffizier Martin in Amiens stationiert. Es ist überliefert, dass ein außerordentlich harter Winter das Land im eisigen Griff hat und viele Menschen der klirrenden Kälte zum Opfer fallen. An einem dieser Tage begegnet Martin am Stadttor von Amiens einem armen, unbekleideten Mann, der ihn eindringlich um Hilfe bittet. Da Martin außer seinem Soldatenmantel nichts dabei hat, fasst er sein Schwert, teilt den Mantel in der Mitte und gibt die eine Hälfte dem Armen. Offensichtlich muss Martin später für die mutwillige Beschädigung eine Arreststrafe von drei Tagen seitens seiner Vorgesetzten hinnehmen.

In der Nacht, die auf die Mantelteilung folgt, hat Martin einen eindrücklichen Traum. Im Traum erscheint ihm Jesus Christus, gekleidet mit dem halben Soldatenmantel. In diesem Traum sieht der junge Offizier eine erneute Aufforderung, den Militärdienst aufzugeben, um in den Dienst Gottes zu treten. Nach mehrjähriger Vorbereitungszeit lässt sich Martin in der Stadt Amiens taufen. Seinen Militärdienst gibt er aber noch nicht auf, sondern löst sein Versprechen an einen Freund, der Hauptmann ist, ein, noch zwei weitere Jahre in der römischen Armee zu dienen. Es ist bemerkenswert, dass in keiner Quelle davon berichtet wird, dass ein Pferd bei der Mantelteilung zugegen gewesen ist. Es ist anzunehmen, dass es zu der Vorstellung von einem römischen Elitesoldaten unabdingbar dazugehört und deshalb unbefragt vorausgesetzt wurde.

Theorie: Martin → Historisch

Martin beendet seinen Militärdienst

Nach Ablauf der versprochenen zwei Jahre nutzt Martin die nächste sich bietende Gelegenheit, bei Kaiser Julian die Entlassung aus dem Soldatendienst zu erbitten. Es ist überliefert, dass er zu Kaiser Julian sagte: „Bis heute habe ich dir als Soldat gedient; erlaube, dass ich in Zukunft für Gott streite. Ich bin ein Soldat Christi. Mir ist es nicht erlaubt, mit der Waffe zu kämpfen." Der Kaiser soll daraufhin erzürnt geantwortet haben: „Aus Furcht vor der Schlacht verweigerst du den Dienst, aber nicht aus religiösen Gründen!" Martin bietet dem Kaiser daraufhin eine Mutprobe an: Er würde unbewaffnet durch die Reihen der germanischen Feinde schreiten, solle es Zweifel an seinem Mut geben. Es kommt schließlich zur Entlassung aus dem Soldatendienst.

Martin wird Mönch

Nach der Beendigung des Militärdienstes wendet sich Martin zum Bischofssitz nach Poitiers an den damaligen Bischof Hilarius. Martin wird Schüler von Hilarius und wird schließlich zum Priester geweiht. Im Anschluss daran kehrt Martin für einige Zeit in seine Heimat zurück, um seine Familie wiederzusehen und sie zum christlichen Glauben zu bekehren. Obwohl Martins Mutter den christlichen Glauben annimmt, kommt es im übrigen zu Spannungen zwischen Martin und den Anhängern der vorherrschenden arianischen Religion. Martin flüchtet auf die Insel Gallinaria an der Riviera und fristet sein Dasein als Einsiedler. Bischof Hilarius, der kehrt aus seinem Exil um 360 nach Poitiers zurück, ebenso Martin. Im nahegelegenen Ligugé gründet er ein Kloster, wo sich bald zahlreiche Gleichgesinnte finden.

Martin wird Bischof von Tours

Martins glaubwürdige, diakonische Tätigkeit spricht sich in der gesamten Gegend herum. Viele Menschen profitieren von seiner tatkräftigen Hilfe. Als einige Jahre später ein neuer Bischof für die Stadt Tours gesucht wird, benennen die Menschen Martin als ihren Favoriten. Martins offensichtliche Popularität kann nur durch seine öffentliche und wirkungsvolle Tätigkeit erklärt werden. Martin will dem Gesuch der Menschen zunächst nicht entsprechen. Es ist überliefert, Martin habe sich in einem Gänsestall vor den Menschen versteckt, sei aber durch das aufgeregte Geschnatter der Gänse verraten worden. Am 4. Juli 372 wird Martin zum Bischof geweiht.

Auch in seinem Amt als Bischof bleibt Martin glaubwürdig in Wort und Tat. Er wendet alle Kraft auf, um seine Aufgabe zu verwirklichen. Weder Pomp noch Luxus kennzeichnen sein Wesen und Wirken. Er lebt weiterhin in einer Klosterzelle in dem von ihm gestifteten Kloster Marmoutier. Das Kloster liegt auf einem steilen Felsen über der Loire und verschafft Martin ausreichend Distanz zur weltlichen Geschäftigkeit. Von diesem Stützpunkt aus unternimmt Martin zahlreiche Missionsreisen durch das Land. Auch nach Paris führen ihn seine Reisen. Überliefert ist Martins Wortgewaltigkeit und seine Wundertaten, auch Wunderheilungen erzählt man von ihm. Martin verkörpert ein Ideal: der Mönch als Priester, Arzt und Nothelfer. Es wird von ihm berichtet, dass er auch durch persönlichen Einsatz die Ausführung schwerer Strafen, die auf geringe Vergehen erlassen wurden, verhinderte. In einem Fall soll er eine ganze Winternacht vor dem Tor einer Burg gekauert haben, um einiger armer Sünder Leben und Freiheit zu erlangen.

Martins Tod

Martin stirbt auf einer seiner Reisen am 8. November 397 in Candes. Als er am 11 November in Tours beigesetzt wird, ist die Anteilnahme der Bevölkerung überwältigend. Die große Bedeutung Martins verdeutlicht eine im „Buch der goldenen Erzählungen" berichtete Begebenheit: Der Erzählung nach wird der Kölner Bischof Severin unvermittelt Zeuge des Todes von Martin. An einem Tag im November hört er die Engel im Himmel davon singen, dass Martin von Tours gestorben sei und nun in den Himmel getragen würde. Später stellt sich heraus, dass sich Martins Tod tatsächlich am gleichen Tag ereignet hat.

Der Tag der Beisetzung wird schon bald in der ganzen Kirche als hoher Feiertag begangen. Wie schon erwähnt, gilt Martin in der Meinung des breiten Kirchenvolkes als einer der ersten Heiligen, der die Heiligsprechung nicht durch das Martyrium oder die Askese, sondern durch seine Mildtätigkeit und seiner Wundertaten erlangt. Nicht mehr ein Märtyrertod, sondern sein Leben und Wirken begründen seine Einordnung als Heiliger. Martin wird bald in der gesamten Kirche verehrt.

Das Grab, über dem später die Abtei St. Martin entsteht, wird schnell die von Pilgern bis ins späte Mittelalter meistbesuchte Wallfahrtsstätte nach Rom. Der Frankenkönig Chlodwig erhebt Martin schließlich zum Nationalheiligen und Schutzherrn der fränkischen Könige, die seitdem Martins Mantel in Schlachten mitführen.

Brauchtum

Aufmerksamkeit im gesamten christlichen Abendland kommt Martin durch die über ihn verfasste Biographie Vita St. Martini zu, die beschreibt, wie Bischof Martin Jesus Christus nachfolgt.

Obwohl Symbole wie die Martinsgans oder die Bischofsmütze bis heute in der Ausgestaltung des Martinsbrauchtum eine Rolle spielen, hat sich inhaltlich lediglich die zentrale Begebenheit der Mantelteilung überliefert. Dass die Popularität Martins dennoch ungebrochen ist, hat mit zwei hauptsächlichen Gründen zu tun. Mit Martin von Tours entsteht das neue Bild eines Bischofs nach der Zeit der Christenverfolgung. Die Askese des Mönches, die sich auch im Bischofsstand abbildet und das hohe diakonische und missionarische Engagement prägen alle nachkommenden Vorstellungen des Bischofsamtes. Der zweite Grund ist ein anderer: Der Gedenktag an Martin von Tours fällt zusammen mit weiteren Terminierungen im Jahreskreis. Am Tag vor dem Martinstag vollzog sich der Übergang von der Frucht tragenden Jahreszeit (Sommer und Herbst) zum Winter. Gleichzeitig begann mit dem Gedenktag das Adventsfasten. Zusätzlich war dieser Termin für den Gesindewechsel und zur Pachtzahlung seit jeher bedeutsam. So blieb die Erinnerung an den Martinstag lebendig.

Der Martinstag blieb als überlieferte Tradition in einzelnen Gegenden bis gegen 1800 erhalten. In dieser Zeit feierte man das Fest zu Hause oder in einer Schenke mit Freunden bei einer gediegenen Mahlzeit. In den Pfarrgemeinden zogen Kindergruppen auf Heischegänge. Die Martinsfeuer loderten sogar in den Stadtvierteln. Danach geriet das Martinsbrauchtum vorübergehend in Vergessenheit und wurde erst zu Beginn des 19. Jahrhunderts neu belebt. Vor allem am Niederrhein und im Rheinland, wo das Martinsgedächtnis lebendig geblieben war, entstand das Martinsbrauchtum in erneuerter Ausprägung: Ein gemeinsamer Martinszug von Kindern mit Laternen entwickelte sich. Martin und seine Taten wurden in den Liedern und Gedichten besungen. Besondere Martinsgerichte wie die Martinsgans oder der Düppekuchen entstanden. Als inhaltlicher Schwerpunkt wurde die Mantelteilung nachgespielt. Auch das Martinsfeuer als Bestandteil des Martinsbrauchtums nimmt in dieser Zeit seinen Anfang. Während des Dritten Reiches endete auch dieser Traditionsstrang vorrübergehend. Erst nach Kriegsende gab es einen kennzeichnenden Neubeginn: das mitmenschliche Helfen wird stärker in den Vordergrund gerückt. Selbst die individuellen Heischegänge Einzelner werden teilweise durch das Verschenken von Martinstüten an alle Kinder abgelöst.

Das Martinsbrauchtum beinhaltet auch heute noch die christliche Botschaft: Wer teilt, gewinnt. Wer sich erbarmt, der erbarmt sich Christi. Der christliche Glaube, der im diakonischen Handeln tätig wird, ist wie ein Licht in der Dunkelheit: Es wird hell und warm, Geborgenheit und Gemeinschaft entstehen. Das ist die Botschaft, die Kinder auch im heutigen Martinsbrauchtum entdecken können.

Martin von Tours und die Kinder

Kinder kommen mit großer Wahrscheinlichkeit mit dem Martinsbrauchtum in Berührung. In der Zeit vor dem 11. November werden in Kindergärten und Grundschulen, Kindergruppen und nicht zuletzt in den Familien Laternen gebastelt. Der Laternenumzug am Martinsabend bildet einen Höhepunkt bei den Festen im Kirchenjahr und wird in den unterschiedlichen Regionen mit dem unterschiedlichen Brauchtum begangen (siehe Brauchtumslexikon). Auch die kleinen Kinder erleben die Faszinationen der vielen bunten Lichter und der Lieder am Abend. Der Inhalt des Martinsbrauchtums wird durch das Anspiel an manchen Orten übermittelt, so dass die älteren Kinder nicht nur die Ausprägungen des Brauchtums, sondern auch dessen Sinngehalt frühzeitig erfassen könnten. Dass dem oft nicht so ist und das Brauchtum um St. Martin mit dem Leben und Wirken des Martin von Tours nicht in Verbindung gebracht wird, mag an zweierlei liegen: Zum einen verdrängt das üppige, regional unterschiedliche „Begleit-Brauchtum" den eigentlichen Sinngehalt des Brauchtums.

Der Blick fällt auf die bunten Laternen in Pumuckl-, Biene Maja- und Pokemon-Form und die reichlich gereichten Leckereien und eben nicht auf die dahinter liegende Botschaft. Zum anderen zieht die aufkeimende Festkultur um Halloween keine zwei Wochen vorher Aufmerksamkeit auf sich. Die sich ähnelnden Ausprägungen (Heischegänge – *trick or treats*) führen zu verwirrenden Überschneidungen in der Wahrnehmung.

Wenn Kinder die Geschichten von Martin von Tours wahrnehmen, sind sie zumeist angetan von dem Mann, der großzügig und uneigennützig teilt. Kinder wissen und erleben, dass es auch heute Menschen in Not gibt, und sie begegnen dieser Not in ihrem Alltag – wenn auch zumeist nicht an ihrem eigenen Leibe. Auch wenn Kinder gutheißen, dass Martin teilt, erleben Kinder das Thema Teilen durchaus ambivalent. Auch wenn Kinder verstehen, dass die Not eines anderen Menschen dadurch gelindert werden kann, dass sie vom eigenen Besitz abgeben, wissen sie eben auch, dass derjenige weniger hat, der teilt. Es braucht deshalb das Erlebnis, dass andere mit einem teilen. Wer erlebt, dass Teilen ein Geben und Nehmen sein kann, lässt sich leichter auf das Geben ein. Die Geschichten von Martin bergen deshalb für die Kinder eine Erfahrung, die über den Verzicht hinausgeht.

Religionspädagogische Überlegungen

Martin von Tours bezieht die Motivation seines Handelns aus seinem christlichen Glauben. Die biblische Parallele, geschildert in Matthäus 25, 31 – 46, mit dem Kernvers 40, ist allerdings nicht leicht zu übermitteln. Die Einbettung in die Beschreibung des Weltengerichtes und die Nähe zur Werkegerechtigkeit machen eine direkte Anbindung schwierig. Hier bieten sich ergänzende biblische Erzählungen wie die Erzählung vom barmherzigen Samariter oder lebensweltliche Geschichten (im Heft) als Alternative an. Dabei kann es nicht darum gehen, die Botschaft des Martin zu reduzieren auf einen Aufruf zum mitmenschlichen Teilen. Die Verbindung bleibt: Im Armen begegnet mir Christus selbst.

Die prägende Lichtsymbolik des Martinsfestes erlaubt eine zweite Übertragung: In Matthäus 5, 14-16 wird die Leuchtwirkung eines Christenmenschen beschrieben. Licht steht hier nicht nur als Synonym für Nothilfe oder Ratbeistand, sondern für die christliche Botschaft selbst. Die Lichtsymbolik des Martinsfestes erinnert daran, wie er anderen Menschen Licht in ihr Leben gebracht hat. Gleichzeitig beinhaltet sie den Aufruf, selbst zu Lichtbringern zu werden. Für Kinder kann es eine schöne Erfahrung sein, zu St. Martin nicht nur die Beschenkten zu sein, sondern auch zu beschenken.

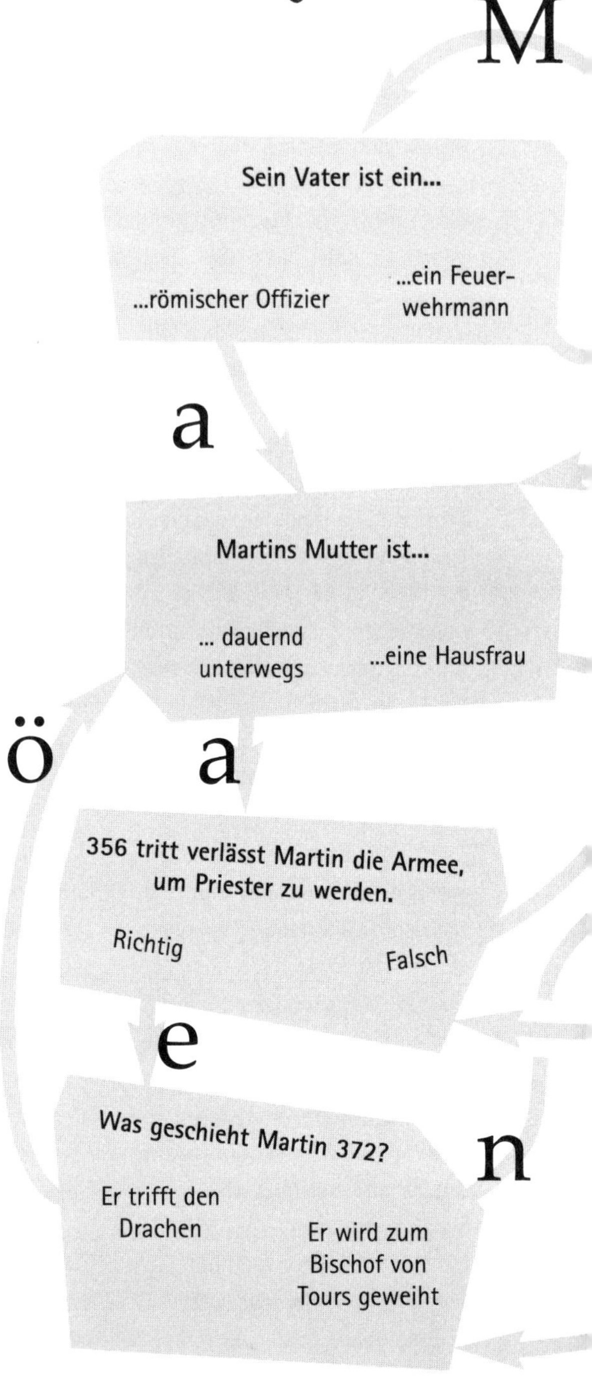

Praxis: Martin → Historisch

Martin: Historisch

Hätten Sie es gewusst? Wer Martin von Tours als historische Persönlichkeit gewesen ist? Wann er geboren wurde und welchen Beruf er ursprünglich ausgeübt hat? Wie sein Werdegang weiter verlaufen ist? Der „historische" Martin geht in der verbreiteten, vom Brauchtum geprägten Festgestaltung gänzlich auf. Wenn auch die wesentliche Begebenheit seines Wirkens, die Mantelteilung, ihren festen Platz in der Gestaltung hat, so treten die anderen Aspekte doch deutlich in den Hintergrund. Wer ist er also gewesen? Fest steht, dass Martin von Tours in der Geschichte der Kirchen ein besonderer Heiliger ist. Er hat seine Heiligkeit nicht durch das Martyrium erreicht, sondern durch sein beeindruckendes Lebenszeugnis. Dieses Lebenszeugnis nimmt ihren Anfang in der Begebenheit mit der Mantelteilung und prägt bis heute das daraus entstandene Brauchtum. In den folgenden Gestaltungsbausteinen geht es darum, das Lebenszeugnis des asketischen Mönches zu betrachten.

Arbeitshinweise

Die Kinder erhalten eine Kopie des Labyrinthes und suchen den richtigen Lösungsweg. Nur eine einzige Kette aus richtigen Antworten liefert das Lösungswort.

Hinweise zur Arbeit mit diesem Baustein

Ich verwende diesen Baustein als Einstieg zum Thema.

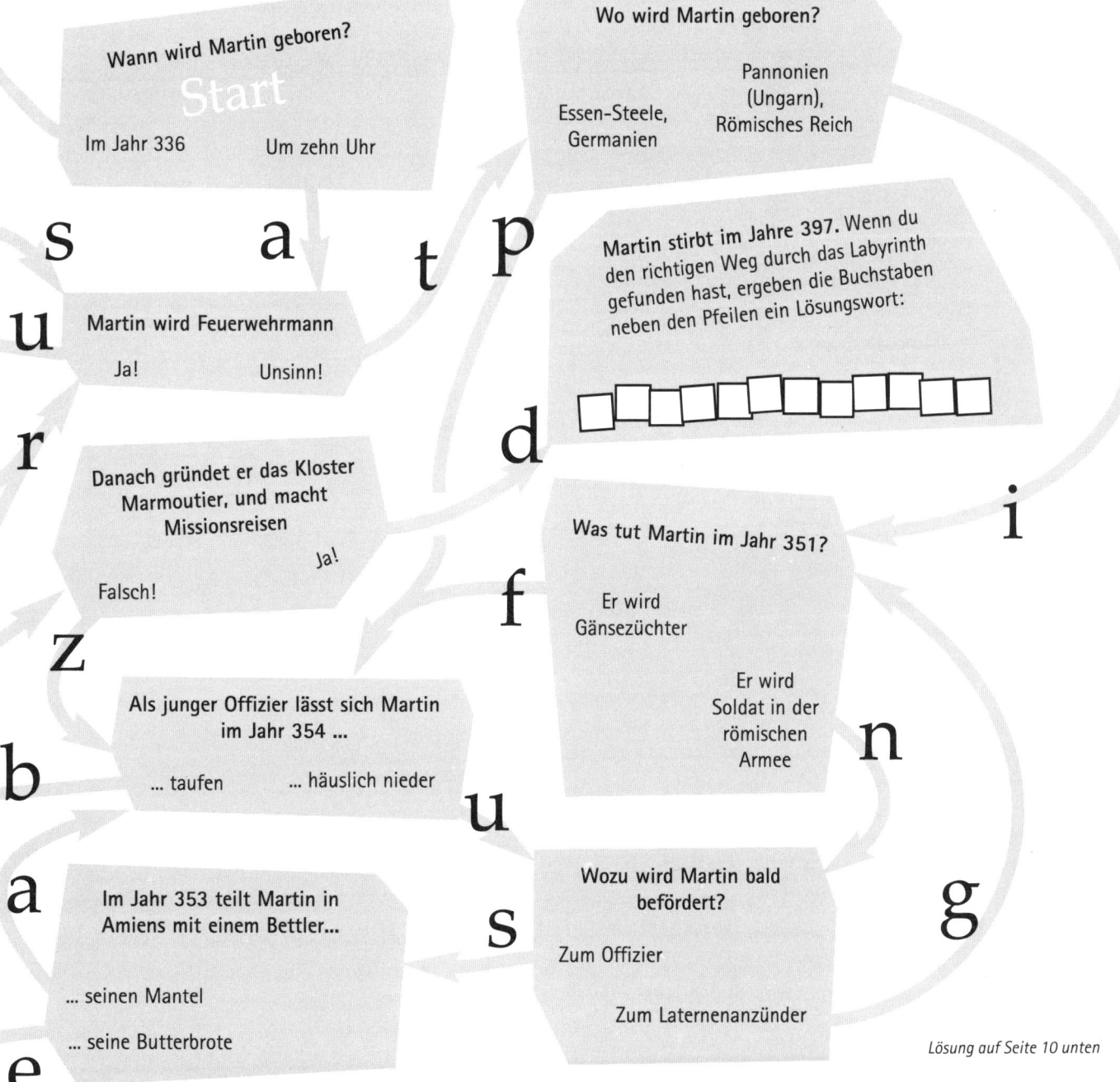

Lösung auf Seite 10 unten

Religion praktisch: Martin

Martin von Tours

Arbeitshinweise
Die Kinder erhalten den Steckbrief und malen ein Bild von Martin hinein.

Hinweise zur Arbeit mit diesem Baustein
Ich verwende den Steckbrief am Anfang einer Gestaltungseinheit zum Thema Sankt Martin. Wenn die Gruppe sich noch nicht kennt, können eigene Steckbriefe erstellt und aufgehängt werden. Dazu wird dann der Steckbrief von Martin von Tours gehängt.

Tipp
Ich hänge einen leeren Steckbrief auf, auf dem sich das Bild von Martin (verkleinert von Seite 4) befindet. Die Informationen zu Name, Geburtsort etc. schreibe ich auf Zettel, die ich im Raum verstecke. Die Kinder suchen und finden die Zettel und wir vervollständigen den Steckbrief gemeinsam.

Geboren: 336 nach Christus (vor über 1600 Jahren)

In: Sabaria, Ungarn (damals eine römische Provinz)

Vater: Offizier in der römischen Armee

Mutter: vermutlich Hausfrau

Geschwister: nicht bekannt

Sankt Martin ritt durch Schnee und Wind

Sankt Martin, Sankt Martin, Sankt Martin ritt durch Schnee und Wind, sein Roß, das trug ihn fort geschwind. Sankt Martin ritt mit leichtem Mut, sein Mantel deckt ihn warm und gut.

2. Im Schnee, da saß ein armer Mann,
   hatt' Kleider nicht, hatt' Lumpen an:
   „Oh helft mir doch in meiner Not,
   sonst ist der bitt're Frost mein Tod!"

3. Sankt Martin zieht die Zügel an,
   sein Roß steht still beim armen Mann.
   St. Martin mit dem Schwerte teilt
   den warmen Mantel unverweilt.

4. Sankt Martin gibt den halben still,
   der Bettler rasch ihm danken will.
   St. Martin aber ritt in Eil
   hinweg mit seinem Mantelteil.

5. Sankt Martin legt sich müd' zur Ruh
   da tritt im Traum der Herr dazu.
   Er trägt des Mantels Stück als Kleid,
   Sein Antlitz strahlet Herrlichkeit.

6. Sankt Martin sieht ihn staunend an,
   der Herr zeigt ihm die Wege an.
   Er führt in seine Kirch' ihn ein,
   und Martin will sein Jünger sein.

7. Sankt Martin wurde Priester gar,
   und diente fromm an dem Altar
   Das ziert ihn wohl bis an das Grab
   Zuletzt trug er den Bischofsstab.

8. Sankt Martin, oh du Gottesmann,
   nun höre unser Flehen an.
   Oh bitt' für uns in dieser Zeit
   und führe uns zur Seligkeit.

Hinweise zur Arbeit mit diesem Baustein

Die Strophen werden mit den Kindern erarbeitet. Das Lied eignet sich sehr gut zur Ausarbeitung eines szenischen Singspiels. Die Kinder spielen die Szenen aus den Strophen nach. Das fertige Singspiel wird aufgeführt.

Text und Musik überliefert

Martins Mantel

„Brrr, ist das kalt heute Nacht!" Martin zieht sich den Soldatenmantel enger um die Schultern und dreht sich zu Julian um. „Frierst du auch, lieber Freund?" „Nicht mehr als du", antwortet dieser und lacht. Julian mag Martin. Martin ist keiner von denen, die die anderen durch raue Soldatenmanieren beeindrucken wollen. „Die römische Armee sorgt gut für ihre Soldaten", fährt Julian fort. „Warme Kleidung, genug zu essen und ein Bett für die Nacht. Wir können uns nicht beklagen, oder?" Martin nickt. „Ganz anders als diese armen Menschen hier", antwortet er und zeigt auf die zwei Männer, die einige Schritte vor ihnen einen erfrorenen Bettler davon tragen. In diesem Jahr ist der Winter besonders kalt. „Hast du noch von deinem Sold?" will Martin von seinem Freund wissen. Julian kramt umständlich in seiner Tasche. „Nur noch diese Münzen", sagt er und hält Martin einige kleinere Geldstücke hin. Der wirft sie den Armen zu, die hier, nicht weit vor dem Stadttor von Amiens, in der klirrenden Kälte betteln müssen. „Hast du wieder deinen ganzen Sold verschenkt?" will Julian wissen. Martin nickt stumm. Julian schüttelt nur mit dem Kopf. Manchmal kann er Martin nicht verstehen. Er hat oft gesehen, dass Martin für Hungernde Brot kaufte oder Kleidung für die Armen. Oft ist er morgens aufgestanden und hat Martin am Bett eines kranken Kameraden gefunden. Oft hat er erlebt, dass Martin die Not eines Fremden lindert. „Warum tust du das?" hat Julian gefragt. „Weil Jesus Christus es so vorgemacht hat", hat Martin geantwortet. Dann hat er von diesem Jesus Christus erzählt und auch davon, dass er sich taufen lassen möchte.

„Habt Erbarmen!" Beinahe stößt Julian mit seinem Freund zusammen, der plötzlich wie angewurzelt stehen bleibt. „Siehst du das?" murmelt Martin. Julian schaut an ihm vorbei. Vor ihnen kauert eine menschliche Gestalt im Schnee. Fast nackt ist der Mann, blau gefroren ist sein Körper. „Habt Erbarmen!" ruft er. Seine Stimme ist kaum noch zu hören. „Geht weiter!" „Versperrt nicht den Weg!" rufen die Reisenden hinter Martin und Julian. Aber Martin bleibt stehen. Die anderen schieben sich an ihnen vorbei, ohne auf die flehenden Rufe des Bettlers zu achten. „Gib mir ein paar Münzen", bittet Martin seinen Freund. „Ich habe nichts mehr" sagt Julian. Martin blick noch einmal auf die frierende Gestalt vor ihnen im Schnee und greift dann entschlossen zum Schwert. Er nimmt sich den Mantel von den Schultern und teilt ihn in zwei Stücke. „Martin, was tust du?" ruft Julian entsetzt. Der Mantel ist Eigentum der römischen Armee und darf nicht mutwillig beschädigt werden. „Sei still!" fährt Martin seinen Freund an und reicht dem Bettler den einen Teil seines Mantels. Die Umherstehenden lachen. Lächerlich sieht dieser Soldat aus, der sich seinen halben Mantel über die Schultern wirft und dann durch das Stadttor von Amiens geht.

Erzählhinweise

Ich erzähle die Geschichte ohne weitere Hilfsmittel. Es ist möglich, den Moment der Mantelteilung zu untermalen, indem man ein Stück Stoff zerreißt.

Hinweise zur Arbeit mit diesem Baustein

Ich erzähle diese Geschichte gerne zu Beginn einer Auseinandersetzung mit dem Thema Sankt Martin. Es bietet sich an, diese Geschichte nachspielen zu lassen. Die Kinder nehmen unterschiedliche Rollen ein: Martin, Julian, andere Reisende, Bettler etc. und spielen nach eigenen Vorstellungen. Mit älteren Kindern kann über die Geschichte gesprochen werden. Dabei wird der Handlungsmotivation von Martin nachgespürt. Es kann versucht werden, die Begebenheit in die heutige Zeit zu übertragen.

Sankt-Martinslied

Es dun-kelt früh der A-bend schon, der Nov-em-ber ist im Land
Wir fei-ern was Sankt Mar-tin tat mit Licht-ern in der Hand
Wir den-ken an den ar-men Mann, den Mar-tin einst be-deckte mit sei-nem hal-ben Man-tel-teil, als Not ihn tief er-schreckte.

Ref.
Sankt Mar-tin, Sankt Mar-tin, dich lo-ben al-le Leu-te
Sankt Mar-tin, Sankt Mar-tin, so sin-gen wir auch heu-te

2. Zu Martin sprach der Herr im Traum:
„Sieh' ich trag dein Mantelteil;
Was du den Ärmsten hast getan,
das wurde mir zuteil."
Und Martin folgte Jesus nach,
seit Er ihm war erschienen.
Sankt Martin wollt' dem Nächsten nun
als seinem Bruder dienen.

3. Vom Heil'gen Martin singen wir,
weil er half mit Mut und schnell.
Laternen tragen wir für ihn,
seine Güte strahlte hell.
Er sah die Menschen neben sich,
auch wir woll'n um uns schauen.
Vom Heil'gen Martin lernen wir,
einander zu vertrauen.

Text und Musik überliefert

Sei gegrüßt, Sankt Martin, Gottesmann

Melodie: Nun ade, du mein lieb' Heimatland

1. Sei gegrüßt Sankt Martin, Gottesmann, Sankt Martin, sei gegrüßt
Du, ein Muster an Barmherzigkeit, bist belohnt in alle Ewigkeit, Sankt Martin, sei gegrüßt.
Dir zur Ehr' sind all die Lämpchen an, Sankt Martin, sei gegrüßt

2. Schon als Kriegsmann warst du Glaubensheld, Sankt Martin, Glaubensheld!
   Hast getan, was Gott, dem Herrn, gefällt, Sankt Martin, Glaubensheld.
   Deinen Mantel warfst zur Hälfte du einenem armen Mann aus Mitleid zu,
   Sankt Martin, Glaubensheld.

3. Erschallet' dir heut' überall, Sankt Martin, Lob und Dank.
   Es ertönt in lautem Liederhall, dir, Sankt Martin, Lob und Dank.
   Es gebühret jetzt und alle Zeit, und in Liebe, wie in Herrlichkeit,
   Sankt Martin, Lob und Dank.

4. Heil'ger Gottesmann im Himmel dort, Sankt Martin, bitt' für uns;
   Hilf uns wandeln hier nach Gottes Wort. Sankt Martin bitt' für uns,
   du ein wahrer Freund in uns'rer Not, ach, erfleh' uns einen sel'gen Tod,
   Sankt Martin, bitt' für uns.

Text und Musik überliefert

Martinssegen

Gott schenke dir ein Licht,
einen Menschen, der sein Brot mit dir teilt,
wenn du hungrig bist.

Gott schenke dir ein Licht,
einen Menschen, der dir Wasser schöpft,
wenn du durstig bist.

Gott schenke dir ein Licht,
einen Menschen, der an deinem Bett wacht,
wenn du krank bist.

Gott schenke dir ein Licht,
einen Menschen, der seinen Mantel mit dir teilt,
wenn du frierst.

Gott schenke dir ein Licht,
einen Menschen, der dir von seinem Reichtum abgibt,
wenn du arm bist.

Gott schenke dir ein Licht,
einen Menschen, der dich besucht,
wenn du einsam bist.

Gott schenke dir,
dass du ein Licht für andere Menschen sein kannst.

Aus: Meine Welt 11/2003, Michael Jahnke

Hinweise zur Arbeit mit diesem Baustein
Wenn dieser Segen den Kindern zum Abschluss einer Gestaltungseinheit zugesprochen wird, können damit Gesten verbunden werden. Zum gesprochenen Text kann Brot geteilt und ausgegeben, ein Getränk ausgeschänkt, ein Stück Stoff zerrissen und verteilt und ein kleines Geschenk mitgegeben werden.

Martin: Brauchtum

Erinnern Sie sich noch an die Martinsfeiern, die Sie als Kind erlebten? Am katholischen Niederrhein begann der Martinsabend vor 30 Jahren mit dem Martinszug durch die Straßen. Die gebastelten Laternen waren noch nicht den Modeerscheinungen unterworfen, wie man es heute oft sieht. Fackelläufer begleiteten den Zug und es wurden Martinslieder gesungen. Auf dem Schulhof wurden die Fackeln in den großen Holzhaufen geworfen, der kurz darauf hell auflöderte. Dann kam Martin auf dem Schimmel angeritten und die Mantelteilung wurde gespielt. Danach zogen wir Kinder durch die Straßen und heischten Süßigkeiten. Wer clever war, heischte an drei Abenden in den unterschiedlichen Ortsteilen, je nachdem, wo der Martinsumzug an dem Abend stattfand. Erinnern Sie sich? Auf den folgenden Seiten werden die unterschiedlichen Ausprägungen des Martinsbrauchtums exemplarisch vorgestellt und umgesetzt.

Hinweise zur Arbeit mit diesem Baustein
Ich kopiere das Brauchtumslexikon und schneide die einzelnen Bräuche aus. Ich nummeriere die Bräuche durch und hänge die Zettel im Raum aus. Ich lese mit den Kindern die Liedstrophen des Liedes. Die Kinder sollen dann die Beschreibung des besungenen Brauchtums im Raum suchen und sich dazu stellen. Wenn die Gruppe zu groß ist (bei älteren Kindern), gehen die Kinder mit dem Liedtext durch den Raum und schreiben die Zahlen der entsprechenden Bräuche zu den Liedstrophen.

Es entsprechen:
Strophe 2: Martinslampen
Strophe 3: Martinsfeuer
Strophe 4: Martinsheischen
Strophe 5: Martinsweckmann oder Martinshörnchen oder Martinsgeigen

Laßt uns froh und munter sein

Laßt uns froh und munter sein
und uns heut von Herzen freun!
Lustig, lustig traleralala,
nun ist Martinsabend da, nun ist Martinsabend da!

Nehmt den Kürbis in die Hand,
rasch das Kerzchen angebrannt!
Lustig, lustig traleralala,
nun ist Martinsabend da, nun ist Martinsabend da!

Springen wolln wir kreuz und quer
übers liebe Kerzchen her.
Lustig, lustig traleralala,
nun ist Martinsabend da, nun ist Martinsabend da!

Allen Kindern nun zum Spaß
wirft auch Sankt Marin was.
Lustig, lustig traleralala,
nun ist Martinsabend da, nun ist Martinsabend da!

Und dann backt nach altem Brauch
uns die Mutter Kuchen auch.
Lustig, lustig traleralala,
nun ist Martinsabend da, nun ist Martinsabend da!

Nach der Freude danken wir
unsrem lieben Gott dafür.
Lustig, lustig traleralala,
nun ist Martinsabend da, nun ist Martinsabend da!

Brauchtumslexikon

Martinsabend
Nach Sonnenuntergang des 10. November beginnt dieser Abend mit einem feierlichen Umzug. Dabei werden Lieder gesungen und die Mantelteilung wird nachgespielt.

Martinsbruderschaft
Es gibt viele Menschen, die ganz beeindruckt davon sind, was Martin getan hat. Zu allen Zeiten wurde daran gedacht. Vor vielen Jahren gab es Menschen, die davon so begeistert waren, dass sie sich zu einer festen Gruppe, einer Bruderschaft, zusammenschlossen. Sie versuchten, so wie Martin zu leben.

Martinsfeuer
Als es noch keine Lichterumzüge gab, wurde am Martinsabend ein Feuer abgebrannt. Wie das Feuer Licht in die dunkle Nacht bringt, so hat Martin durch seine Taten Licht in die Welt gebracht. In manchen Orten springt man über das niederbrennende Feuer. Die Menschen glauben, dass dies Glück bringt.

Martinsfischer
Die Menschen erzählen sich, Martin habe einen hässlichen, schmutzigen, schwarzen Vogel aus Mitleid in einen wunderschönen Vogel verwandelt. Den Vogel gibt es auch heute noch, er heißt Eisfischer. Manche Menschen nennen ihn aber immer noch Martinsfischer.

Martinsgans
Die Menschen erzählen sich, dass Martin sich aus Bescheidenheit in einem Gänsestall versteckte, als er Bischof von Tours werden sollte. Durch das aufgeregte Schnattern der Gänse wurde Martin schließlich entdeckt. Heute spielt die Gans in vielen Martinsbräuchen eine Rolle. Gerne wird sie am Martinsabend verspeist.

Martinsgeigen
Eine Geige ist eigentlich ein Musikinstrument. Martinsgeigen hießen aber große Weißbrote, die am Martinstag in der Kirche geweiht und dann an die armen Menschen verschenkt wurden. Dabei erinnerte man sich an das, was Martin getan hatte.

Martinsgerte
Der Brauch mit der Gerte hat nichts mit dem historischen Geschehen um Martin von Tours zu tun. Am Martinstag überreichte der Viehhirte seinem Bauern einen Birkenzweig (Gerte), der dann im Frühjahr zum Viehtrieb verwendet wurde. Dieser Zweig wurde in der Kirche geweiht und sollte den Tieren Schutz gewähren.

Martinsheischen / Martinsgripschen / Martinssingen
Dieser Brauch wird ganz unterschiedlich gefeiert. Kinder und Jugendliche gehen (mit oder ohne Laterne) durch die Straßen und erbetteln sich an den Türen Süßigkeiten. Die Nachbarn teilen das, was sie haben (Süßigkeiten) mit den Kindern. In manchen Gegenden werden dazu Martinslieder gesun-

gen. In diesem Brauch steckt noch ein anderer Ursprung: Früher war dem Gutsherren (Landbesitzer) am 11.11. die Pacht zu zahlen (die Bauern mieteten beim Landbesitzer Ackerland). Für den Gutsherren war der 11.11. ein ertragreicher Tag und er war meistens in Spenderlaune, so dass er die Kinder beschenkte.

Martinshörnchen

Hörnchen sind eine Art Brot/Gebäck und du kennst sie vom Bäcker. Die Martinshörnchen sehen aus wie Hufeisen und sollen daran erinnern, dass Martin als Soldat auf dem Pferd unterwegs gewesen ist. In manchen Gegenden bekommen die Kinder am Martinsabend dieses Gebäck unter dem Namen Lutherbrötchen.

Martinslampen

Die Lichterumzüge mit bunten Laternen oder Feuerfackeln erinnern daran, dass Martin mit seinen Taten Licht in die Dunkelheit brachte. Früher wurden die Laternen aus Rüben oder Kürbissen hergestellt, heute werden sie aus vielen Materialien kunstvoll hergestellt.

Martinslieder

In den Martinsliedern wird von Martin gesungen. Es sind zahlreiche Martinslieder erhalten, die das Leben und Wirken des Martin von Tours zum Gegenstand haben. Die alten Martinslieder stammen bereits aus dem Mittelalter, die meisten der Lieder sind allerdings vor ungefähr 100 Jahren bei der Wiederbelebung der Martinsfeiern entstanden. Die meisten Lieder kennt man im Rheinland und am Niederrhein.

Martinsmännchen

Im Sauerland gibt es häufig den Brauch, dass am Martinsabend nicht ein als Martin verkleideter Mann auf dem Pferd sitzt, sondern ein verkleidetes Kind, das den anderen Kindern Nüsse und Äpfel zuwirft.

Martinsminne

Im Rheinland gibt es den Brauch, Martinsminne zu trinken. Der neue Wein wird verkostet und dabei wird an Martin von Tours gedacht.

Martinsschweine

In Franken gab es früher den Brauch, am Martinstag Kämpfe mit Schweinen zu veranstalten. Ähnliches gab es an anderen Orten auch mit Gänsen.

Martinsweckmann

Im Rheinland und am Niederrhein ist der Weckmann sehr verbreitet. Dieses Gebäck sieht aus wie ein kleines Männchen und soll eigentlich einen Bischof darstellen und an Martin von Tours erinnern. Die Pfeife, die er heute im Arm hält, war eigentlich als Bischofsstab gedacht (dreht die Pfeife mal um!). Die Kinder bekommen den Weckmann am Martinsabend.

Verrat im Gänsestall

Martin schaut sich hastig um. Nein, noch hat ihn niemand erkannt. Das dies ausgerechnet ihm passieren muss. Wieder hört er die Leute einige Gassen weiter rufen: „Martin, komm herbei!" „Martin soll Bischof werden!" „Martin, Bischof von Tours, wo bist du?" Martin eilt den schmalen Pfad zwischen den Häuserreihen entlang. Die Stimmen kommen näher. Lieber wäre er jetzt weit weg in seinem Kloster. Als der alte Bischof gestorben war, hat es nicht lange gedauert, dass die Leute das Reden anfingen. „Martin soll der neue Bischof werden!", so redeten sie. Martin schüttelt mit dem Kopf, während er weitereilt. Es ist kaum zu glauben, dass man so bekannt werden kann, wenn man das tut, was so dringend notwendig ist. Seit der Sache mit dem Bettler und dem halben Mantel hat Martin alles dafür eingesetzt, den Armen zu helfen. Mönch ist er geworden und hat mit aller Kraft daran gearbeitet, Not zu lindern und Leiden zu bessern. Im ganzen Land hat es sich herumgesprochen, dass Martin ein großes Herz für die Armen hat. Und deshalb wollen die Leute, dass er Bischof wird. Martin schüttelt noch einmal den Kopf und schaut sich wieder hastig um. Immer mehr Rufe von den Leuten hallen durch die Straßen. Bischof von Tours? Ob er dann noch die Möglichkeit haben würde, für die Armen zu sorgen? Ob er dann noch den Not leidenden Menschen helfen können würde? Martin schrickt zusammen. Direkt vor ihm eilen einige Leute auf ihn zu. Martin biegt in den nächstbesten Trampelpfad ein und bleibt nach wenigen Schritten entsetzt stehen. Sackgasse. Hier ist kein Entkommen. Der Pfad führt direkt auf eine Wiese, auf der eine

Schar Gänse weidet. Schon will Martin umdrehen und sich den Leuten zeigen, als er den Bretterverschlag in der Ecke der Wiese sieht. Martin eilt hastig auf den Gänsestall zu und öffnet die Holztür. Stroh liegt dort auf dem Boden und ein paar Gänsefedern. Martin schließt leise die Tür hinter sich. Er hört die Leute rufen: „Hier war er doch, der Mönch Martin." „Dort ist er doch gelaufen!" „Wo ist er denn jetzt?" Martins Herz klopft rasend und laut. Bischof von Tours? Das sollen andere werden, nicht er. „Hier ist er nicht!" sagt eine Stimme ganz nah am Gänsestall. „Komm, lass uns gehen!" Martin atmet leise aus. Plötzlich kommt eine Gans durch das Loch in der Tür in den Gänsestall. Laut schnatternd schlägt sie mit den Flügeln und zischt Martin an. Die anderen Gänse auf der Wiese stimmen ein. Ein Heidenlärm ist es. Die Tür wird aufgerissen. Ein Mann steckt seinen Kopf in den Stall. „Hier ist er!" ruft er voller Freude nach draußen. Dann sagt er zu Martin: „Komm, du sollst unser Bischof werden!"

Erzählhinweise

Ich spiele mit den Kindern: Stilles Verstecken im Haus. Eines versteckt sich im Haus. Die anderen suchen. Hat einer den Versteckten gefunden, setzt er sich ganz still zu ihm. Es wird so lange gespielt, bis alle Kinder das Versteck entdeckt haben. Im Versteck erzähle ich die Geschichte.

Hinweise zur Arbeit mit diesem Baustein

Ich gestalte eine ganze Einheit zum Thema „Martin's Gänse". Die erzählte Geschichte bildet einen zentralen Bestandteil. Anknüpfungspunkte für ein weiterführendes Gespräch sind in der Geschichte enthalten. Was mag Martin wohl gedacht haben? Warum wollte er nicht Bischof werden? Was haben die Leute erwartet? Ich rede mit den Kindern über die Geschichte.

Essen und Trinken am Martinsabend

Es gibt eine Vielzahl von regionalen Rezepten für Speisen, Gebäck und Getränke, die am Martinsabend verzehrt werden. Die folgenden Rezepte stellen eine Auswahl dar. Wenn möglich, sollten die Rezepte mit den Kindern zusammen im Rahmen eines Gestaltungsentwurfes ausprobiert werden. Das gemeinsame Kochen und Essen ist ein wesentlicher Bestandteil ganzheitlicher Arbeit mit Kindern. Die Verknüpfung zur Martinsthematik findet sich zum Teil im Brauchtumslexikon.

Bischofsbrot

Zutaten: 5 ganze Eier, 250g Zucker, 250g Mehl, 250g ganze Mandeln (abgebrüht und geschält), 250g Rosinen, 15g Zimt

So geht's: Die Eier werden mit dem Zucker schaumig gerührt. Die restlichen Zutaten werden unter die Masse gemengt. Die Masse wird in eine gefettete Kastenform gegeben. Das Bischofsbrot wird bei 175 Grad im Ofen ca. 1 Stunde gebacken. Zum Servieren wird es dünn aufgeschnitten.

Quark-Äpfel

Zutaten: 150g Magerquark, 2 Eigelb, 40g Zucker, 1 Päckchen Vanillezucker, abgeriebene Zitronenschale, 20g Rosinen, 6 Ofenäpfel (z.B. Boskop), Butter

So geht's: Die Zutaten (bis auf die Äpfel und die Butter) werden miteinander verrührt. Die obere Rundung der Äpfel wird abgeschnitten und die Früchte werden ausgehöhlt. Das Fruchtfleisch wird kleingehackt und ebenfalls unter die Füllmasse gerührt. Die Masse wird in die Äpfel gefüllt, das abgeschnittene Oberteil wieder aufgesetzt. Die Äpfel werden in eine gefettete, feuerfeste Form gestellt und im Ofen bei 200 Grad etwa 25 Minuten gebacken. Dazu kann eine Vanillesauce, besser noch Vanilleeis, serviert werden.

Düppekuchen

Zutaten: 1,5kg Kartoffeln, 1 große Zwiebel, 2 Brötchen (in ½ Liter Milch aufgeweicht), 200g Schinkenspeck, 2 Eier, Salz, Muskat, Öl, Butter

So geht's: Die Kartoffeln und die Zwiebel werden gerieben und mit dem Brötchen, den Eiern, einer Prise Salz und Muskat vermengt. In einen Schmortopf (oder einen gusseisernen Bräter) werden 2-3 Esslöffel Öl gegeben und die Schinkenspeckstreifen werden eingelegt. Der Kartoffelteig wird gleichmäßig darauf gegeben. Der Düppekuchen muss bei 220 Grad etwa 90 Minuten lang auf der untersten Schiene backen. Nach einer Stunde werden Butterflocken auf der Oberfläche verteilt, so erhält der Kuchen eine knusprige Kruste. Zum Düppekuchen wird Schwarzbrot und Apfelmus gegessen.

Martinshörnchen

Zutaten: 1kg Weizenmehl, 2 Würfel Hefe, 250ml lauwarme Milch, 3-4 Eier, 1 Prise Salz, 2 Esslöffel Zucker, 200g weiche Butter, 50g grob gemahlene Mandeln, 125g Rosinen, 100g Korinthen, abgeriebene Zitronenschale

So geht's: Aus den Zutaten wird ein Hefeteig zubereitet. Auf einem mehlbestäubten Backblech werden aus dem Teig vier oder fünf Rollen mit sich verjüngenden Enden gerollt, die dann zu Hörnchen geformt werden. Die Teigstücke müssen auf einem gefetteten Backblech aufgehen und werden dann mit Butter bestrichen und mit Zucker und Zimt bestreut. Im Ofen backen die Martinshörnchen bei 180 Grad etwa 30-40 Minuten lang.

Weckmänner

So geht's: Aus den Zutaten wird ein Teig gefertigt. Dieser wird ausgerollt. Nach Schablone oder frei aus der Hand werden Weckmänner geformt. Die Weckmänner werden auf ein gefettetes Backblech gelegt und mit dem verquirlten Ei bestrichen. Die Rosinen werden als Augen und Knöpfe eingedrückt. Die Figuren müssen noch einmal gehen und backen dann bei ca.190 Grad für 15 Minuten im Backofen.

Zutaten: 300g Weizenmehl, 1 Päckchen Hefe, 1TL Salz, 80g Zucker, 125 ml Milch, 80g weiche Butter, 2 Eigelb, 1 Prise Safran, Rosinen zum Garnieren

Martinsküchle

So geht's: Die Zutaten werden zu einem dickflüssigen Teig verarbeitet. Der Teig muss gehen, bis er locker ist und leichte Blasen bildet. Mit einem Löffel werden Teigstücke abgestochen und in siedendes Fett gegeben. In dem Fett backen die Martinsküchle goldbraun aus und werden mit Zucker bestreut serviert.

Zutaten: 500g Weizenmehl, 80g Zucker, 80g weiche Butter, Prise Salz, 100g Rosinen, Milch

Johannisbeerpunsch

So geht's: Die Teebeutel, das Glühweingewürz und der Zitronensaft werden mit kochendem Wasser übergossen. Zusammen mit dem Johannisbeersaft muss das Getränk noch einmal kurz aufkochen. Der Punsch wird gesüßt und über einem Teesieb abgegossen. Die Becher mit dem Punsch werden mit einer Scheibe der unbehandelten Apfelsine garniert. Heiß schmeckt der Punsch am besten.

Zutaten: 2 Beutel Hagebuttentee, ½ Liter Wasser, 1 Päckchen Glühweingewürz, Saft von einer Zitrone, 0,7 Liter Johannisbeersaft (schwarz), Saft von 2 Apfelsinen, 1 ungespritzte Apfelsine, Zucker

Martinsgänse aus Mürbeteig

So geht's: Mehl und Backpulver werden vermengt und auf die Arbeitsfläche gegeben. In die Mitte wird eine Vertiefung gedrückt. In die Vertiefung werden Zucker, Vanillezucker, Salz, Zitronensaft und Ei hineingegeben. Die Butter wird in Flocken auf dem Mehlrand verteilt. Die Zutaten werden nun zügig zu einem glatten Teig verknetet und für 30 Minuten in den Kühlschrank gelegt. Dann wird der Teig nicht zu dünn ausgerollt. Mit einer Schablone werden nun Gänse ausgerädert. Die Gänse werden auf ein leicht gefettetes Backblech gelegt und mit einem Gemisch aus Eigelb und Milch bestrichen. Im Ofen backen die Gänse bei 200 Grad für ca. 15 Minuten.

Alter der Kinder: ab 5 Jahren (mit Unterstützung)
Zutaten: 250g Mehl, ½ Tütchen Backpulver, 100g Zucker, 1 Tütchen Vanillezucker, 1 Prise Salz, 1 EL Zitronensaft, 1 Ei, 125g Butter, 1 Eigelb, 2 EL Milch

Hinweise zur Arbeit mit diesem Baustein
Ich backe ausreichend Mürbeteiggänse und gebe sie den Kindern mit.

Laterne, brenne hell

„Wenn du die ganze Zeit deine Laterne an- und ausknipst, ist die Batterie gleich leer!" Tom schaut seinen Bruder Pio missbilligend an. Pio grinst nur und holt drei weitere Batterien aus der Jackentasche. „Pass du lieber auf, dass du mit deiner Fackel keine Dummheiten machst" mischt sich die Mutter von Tom und Pio ein. Tom darf in diesem Jahr eine Fackel tragen und den Martinszug begleiten. Bei der Freiwilligen Feuerwehr haben sie extra dafür geübt. „Los jetzt!" sagt Tom und reißt die Tür auf.

Der Parkplatz der Grundschule ist überfüllt mit Menschen. Obwohl es schon spät ist, ist es nicht richtig finster. Die unzähligen Laternen hüllen den Platz und die Menschen in ein warmes, gelb-

liches Licht. Pio findet bald die anderen aus seiner Klasse. Schließlich haben sie in diesem Jahr alle einen Kürbis als Martinslaterne gebastelt. „Ein Kürbis?" hat die halbe Klasse gefragt, als Frau Nolte mit der Idee rausrückte. „Was hat denn ein Kürbis mit St.Martin zu tun?" Schließlich war Halloween gerade vor zehn Tagen gewesen. „Früher wurden Laternen aus Kürbissen oder Rüben gemacht", hat Frau Nolte erklärt. „Wir können auch eine Motivlaterne mit Martinsbildern machen." „Ich will eine Schumi-Laterne machen!" hat Robin gerufen und Niklas hat gemeint: „Besser ist eine Pokemon-Laterne."

Als Frau Nolte wissen wollte, was Rennfahrer und Comic-Monster mit St.Martin zu tun haben, wussten Robin und Niklas keine Antwort.

Pio horcht auf. Laut ist die Musik noch nicht, aber er kann sie gut hören. Vorne im Martinszug, direkt hinter St.Martin auf seinem Schimmel, läuft immer das Schulorchester der Gesamtschule in Rothang. Mara läuft mit ihrer Flöte dort auch mit. Hoffentlich vergisst sie ihr Versprechen nicht. Sie hat Pio nämlich zugesagt, nachher mitzukommen, wenn er an den Türen singen geht. Die Lieder klingen viel besser, wenn eine Flötenmelodie dazukommt, findet Pio und hofft, dass die Leute an den Türen dann spendabler mit den Süßigkeiten werden. Das Orchester spielt die Melodie der Martins- und Laternenlieder und alle, die den Text können, singen mit. In Pios Klasse haben sie die Lieder wie doll gelernt. Pio kann jetzt alle auswendig. Die Musik wird lauter. Der Zug ist zuerst am Kindergarten gewesen und marschiert jetzt in Richtung Grundschule. Dann wird es weiter durch den Stadtteil bis zum Pestalozzi-Platz gehen. Pio freut sich schon darauf. Die Fackelläufer entzünden mit den Fackeln den riesigen Holzhaufen und vor dem leuchtenden Feuer wird die Geschichte mit der Mantelteilung vorgespielt.

„Schläfst du im Stehen?" raunt Tom seinem Bruder zu. Pio schrickt zusammen. Er ist ganz in Gedanken versunken und hat gar nicht gemerkt, dass Tom neben ihm steht. Die Fackel brennt hell. Gerade biegt St.Martin um die Ecke und reitet an den wartenden Kindern vorbei. „Komm!" sagt Tom und schubst Pio ein wenig in die Reihe. Pio reiht sich ein. Durch die Straßen läuft der Martinszug. Manche Fenster sind mit riesigen Fensterbildern bunt geschmückt. Pio kann darauf Szenen aus der Martinsgeschichte erkennen: die Mantelteilung, Martin im Gänsestall und Martin als Bischof. Plötzlich geschieht es:

Als sie gerade „Ich geh mit meiner Laterne" singen, stolpert Tom über den Bordstein. Während er auf den neben ihm laufenden Pio zu stolpert, wirft er geistesgegenwärtig die Fackel in den nächsten Vorgarten. Dann fällt er über Pio und reißt noch einige Klassenkameraden mit sich. Die Fackel ist in einen kleinen Busch geflogen und entzündet augenblicklich das Holz. Während sich Tom und die anderen aufrappeln, brennt der Busch bereits lichterloh. Der Martinszug stockt. Die Musik verstummt. „Bringt einen Feuerlöscher!" schreit jemand. Die Tür des Hauses fliegt auf. Ein Mann stürmt mit einem Eimer Wasser heraus und kippt ihn auf den Busch. Zischend hüllt weißer Nebel den Vorgarten ein. Nach wenigen Sekunden ist das Feuer gelöscht. Für einen Moment ist es ganz still. „Das Licht ist aus, wir gehen nach Haus" singt einer hinten im Zug und lacht dann. Alle lachen mit. Auch der Mann im Vorgarten muss schmunzeln. Die Musik setzt wieder ein und der Martinszug kommt in Bewegung. Tom bleibt mit einem von der Feuerwehr zurück, um die Sache zu klären. Pio und seine Freunde begutachten im Laufen den Schaden an den Laternen. Pios Laternenstab ist beim Sturz abgeknickt. Robins Kürbislaterne ist so verknautscht, dass sie nicht mehr zu erkennen ist. Wenigstens funktioniert das Lämpchen noch. Niklas'Laterne ist gänzlich kaputt. Pio nimmt seinen Kürbis von dem abgeknickten Stab und gibt sie Robin. Der hängt sie an seinen Stab und reicht sie dann an Niklas weiter. „Wir teilen sie uns", sagt er dabei.

Erzählhinweise

Ich erzähle diese Geschichte ohne weitere Hilfsmittel. Da diese Geschichte von Spannungsmomenten lebt, muss sie entsprechend lebendig und emotional erzählt werden. Wenn ich Zeit bei meiner Vorbereitung habe, besorge ich mir im Kaufhaus drei billige Laternen und spiele mit den Kindern das Moment „Drei Laternen zu einer Laterne" nach.

Hinweise zur Arbeit mit diesem Baustein

In diese Geschichte sind drei Motive verwoben. Zum einen besteht die normale familiäre Gestaltung des Martinsabends im Vordergrund; zum anderen wird die Geschichte von Toms Missgeschick erzählt. Das dritte Motiv verschwindet beinahe im Hintergrund und wird erst zum Schluss sichtbar: Pio und seine Freunde machen aus der Not eine Tugend und fertigen aus den drei beschädigten Laternen eine funktionierende. Fortan teilen sie sich die eine Laterne. Das dritte Motiv kann gemeinsam mit den Kindern entdeckt werden: ich frage die Kinder, wo das Thema Teilen in dieser Geschichte vorkommt.

Martin's Gänse

Wenn der heilige Sankt Martin
will der Bischofs ehr' entfliehn,
sitzt er in dem Gänsestall,
niemand findt ihn überall,
bis der Gänse groß Geschrei,
seine Sucher ruft herbei.

Nun dieweil das Gickgackslied
diesen heilgen Mann verriet,
dafür tut am Martinstag
man den Gänsen große Plag.
Dass ein strenges Todesrecht
gehn muss über ihr Geschlecht.

Drum wir billig halten auch
diesen alten Martinsbrauch,
laden fein zu diesem Fest
unsre allerliebste Gäst'
auf die Martinsgänslein ein
bei Musik und kühlem Wein.

Hinweise zur Arbeit mit diesem Baustein

Alternativ zur Geschichte „Verrat im Gänsestall" (S. 19) erarbeite ich mit den Kindern das alte Gedicht.

Ich geh mit meiner Laterne

Ich habe mir viel Mühe gemacht
und eine Laterne gebastelt.
Pappe habe ich geschnitten
und durchsichtiges Farbpapier.
Formen habe ich geschnitten
Und auf die Laterne geklebt.
Jetzt ist sie fast fertig.

Ein Licht kommt noch hinein.
Am liebsten hätte ich eine Kerze,
aber die brennt vielleicht zu gut
und steckt meine Laterne in Brand.
Eine Glühbirne tut es auch.
Die hängt am Latrenenstock
Und funktioniert mit Batterien.

Jetzt gehe ich mit meiner Laterne
und viele andere Kinder mit mir.
Auf dem Martinszug singen wir
und staunen über die vielen Lichter.
Eine Laterne ist nicht hell genug,
aber viele Laternen leuchten so,
dass alles um uns herum hell wird.

Lena, 12 Jahre

Hinweise zur Arbeit mit diesem Baustein

Ich lese mit den Kindern diesen Text und komme danach ins Gespräch mit ihnen.

- *Habt ihr das, was Lena beschreibt, auch schon erlebt?*
- *Was meint Lena, wenn sie von den vielen, leuchtenden Laternen schreibt?*
- *Steckt eine tiefere Bedeutung darin?*

Pio, 8 J.
Mara, 11 J.
Eduard und Patrizia, 10 J.
Tom, 12 J.

Die Straxe sind eine Gruppe von Kindern im Alter zwischen 8 und 12 Jahren. In den Heften der Reihe „Religion praktisch" tauchen sie in den Geschichten und kreativen Ideen immer wieder auf und lassen sich als Mittlerfiguren zu den Kindern verwenden. Die Straxe werden so zu Stellvertretenden der Kinder und erleichtern den Zugang zum Thema.

Die ungleichen Brüder **Tom** und **Pio Burow**, die Zwillinge **Eduard und Patrizia von Kahlen**, **Mara Reichelt** und die **Ziege Frau Maier** wohnen in Rothang, einem Stadtteil einer deutschen Großstadt. In der alten Arbeitersiedlung nahe dem verlassenen Werksgelände wohnen Tom (12 Jahre) und Pio (8 Jahre) alleine mit ihrer Mutter. Allerdings halten sich beide viel lieber in der Gartenlaube im Schrebergarten an der **Professor-Strax-Strasse** auf. Dort wohnt auch die Ziege Frau Maier. Tom ist der ungekürte Anführer der Straxe und gibt gerne den Ton an. Pio hat die Gabe, die richtigen Fragen zur falschen Zeit zu stellen. Eduard und Patrizia (10 Jahre) wohnen in der Neubausiedlung hinter den Schrebergärten. Am liebsten halten sie sich jedoch im Schrebergarten der Burows auf. Eduard beschafft alle nötigen Informationen aus dem Internet, auch wenn vieles davon total überflüssig ist. Patty hat die besten Ideen, wenn es um kreative Fragestellungen geht. Mara wohnt im alten Ortskern von Rothang. Als nachdenkliche 11-Jährige verschafft sie der Gruppe den notwendigen Tiefgang. In und um Rothang erleben die Straxe stellvertretend die Geschichten, die zum Thema passen.

Frau Maier, die Ziege

Praxis: Martin → Brauchtum

Alter: ab 6 Jahren
Material: Stäbe oder Stöcke, etwa 1,5 - 2 Meter lang, Schnur, Stoffreste aller Art, ein größeres Stück Stoff als Fahnentuch, ca. 80 x 60 cm oder auch größer, Scheren, Leim, Plakafarben, Hefter, evtl. Bänder und ein Fotokopierer.

Vorbereitung: Die Vorlagen (z.B. aus dem Vorlagenteil der Laternen) müssen hochkopiert und die einzelnen Farbfelder auf passende Stoffreste übertragen werden.

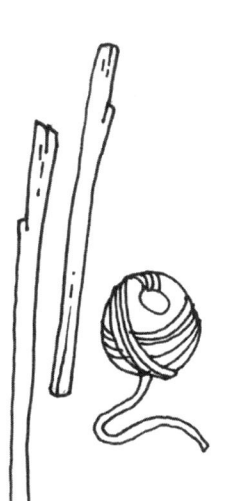

Tipp: Die Fahne kann man nach dem Umzug zerschneiden, die Teile zu Röllchen wickeln und verschnüren und jedem Kind mit nach Hause geben.

Gemeinschaftliche Martinsfahne

So geht's: Die Arbeit lässt sich gut in der Gruppe teilen. Man sucht sich die Motive aus - hier bieten sich auch die Vorlagen aus den Laternenelementen dieses Heftes an. Es gilt, das Patchwork der Lichtfelder mit Stoffresten umzusetzen.

Das Fahnentuch nach gewünschtem Muster zuschneiden, und etwa zehn Zentimeter lange Schlaufen stehenlassen. Aus den Stoffresten werden dann die Formen nach den Schablonen ausgeschnitten; am besten zeichnet man mit Filzstift oder Kreide die Form auf den Stoff. Je nach vorhandenem Material lassen sich interessante Wirkungen erzielen: Pailletten als Rüstung, Blümchenmuster für den Mantel, Watte für Schneeflocken? Wenn die Teile fertig sind, legt man sie probeweise auf die Fahne. Wenn das Arrangement befriedigend ist, klebt man die Teile mit Leim oder Stoffkleber auf. Leim ist billiger, und da die Stangen die Fahne ohnehin steif halten, ist der stärkende Leimeffekt sogar erwünscht. Gut andrücken! Bei einer zweiseitig sichtbaren Fahne ist es zweckmäßig, das zweite Motiv auf ein separates, spiegelbildliches Fahnentuch zu basteln, und die Teile später mit den Rückseiten zu verkleben.

Ob nun komplizierte Motive oder nur das M verwirklicht werden, nun können die Kinder ihre Namen mit Farbe auf das Tuch oder an den Stock geknüpfte Bänder schreiben.

Die Schlaufen werden nun um die fertig verschnürten Stäbe gelegt, und verklebt oder vernäht. Heftklammern tun es auch.

Beim Martinszug kann die Fahne mitgetragen werden.

Religion praktisch: Martin 25

Alter: *ab 4 Jahren*

Material: *Karton oder festes Papier, je nach Wunsch farbige oder klare Transparentpapiere und schwarzer Karton, Stifte, Pinsel, Farben (deckendes Schwarz oder Tusche), Schere, Klebstoff, Blumendraht, Teelichter und Kerzen.*

Vorbereitung: *Je nach gewünschter Laternenversion Motive bereitstellen (evtl. herauskopieren).*

Tipp: *Wenn man ein paar kleine Öffnungen in den Boden sticht, verbessert das die Luftzirkulation in der Laterne. Die Flamme blakt nicht.*

Laternen basteln

Hier sind einige Vorlagen zum Laternenbau. Die unten gezeigte Rundform lässt sich für diverse Laternenmodelle benutzen - sie ist einfach und recht universell.

So geht's: Die Martinsmotive lassen sich je nach Alter und Fertigkeit der Kinder unterschiedlich realisieren. Die Kinder können die Vorlagen selbst auf Transparentpapier übertragen, oder auch aus lichtundurchlässigem Papier Leuchtfelder ausschneiden, und diese mit farbigem Papier hinterkleben. Natürlich sind auch eigene Ideen auf diese Laternenform übertragbar.

1 Auf einem querformatigen Bogen mit den Maßen 420 mm x 290 bis 210 mm werden die Laternenmotive gestaltet. Diese Abmessungen entsprechen einem Din A3 Blatt und passen in die Bodenform unten. *Bei der Wahl anderer Formate bitte auf ausreichende Laternenhöhe achten - sonst droht Brandgefahr!*

Auf Pappe oder festes Papier übertragen
und 2x ausschneiden
Maßstab 1:1

2

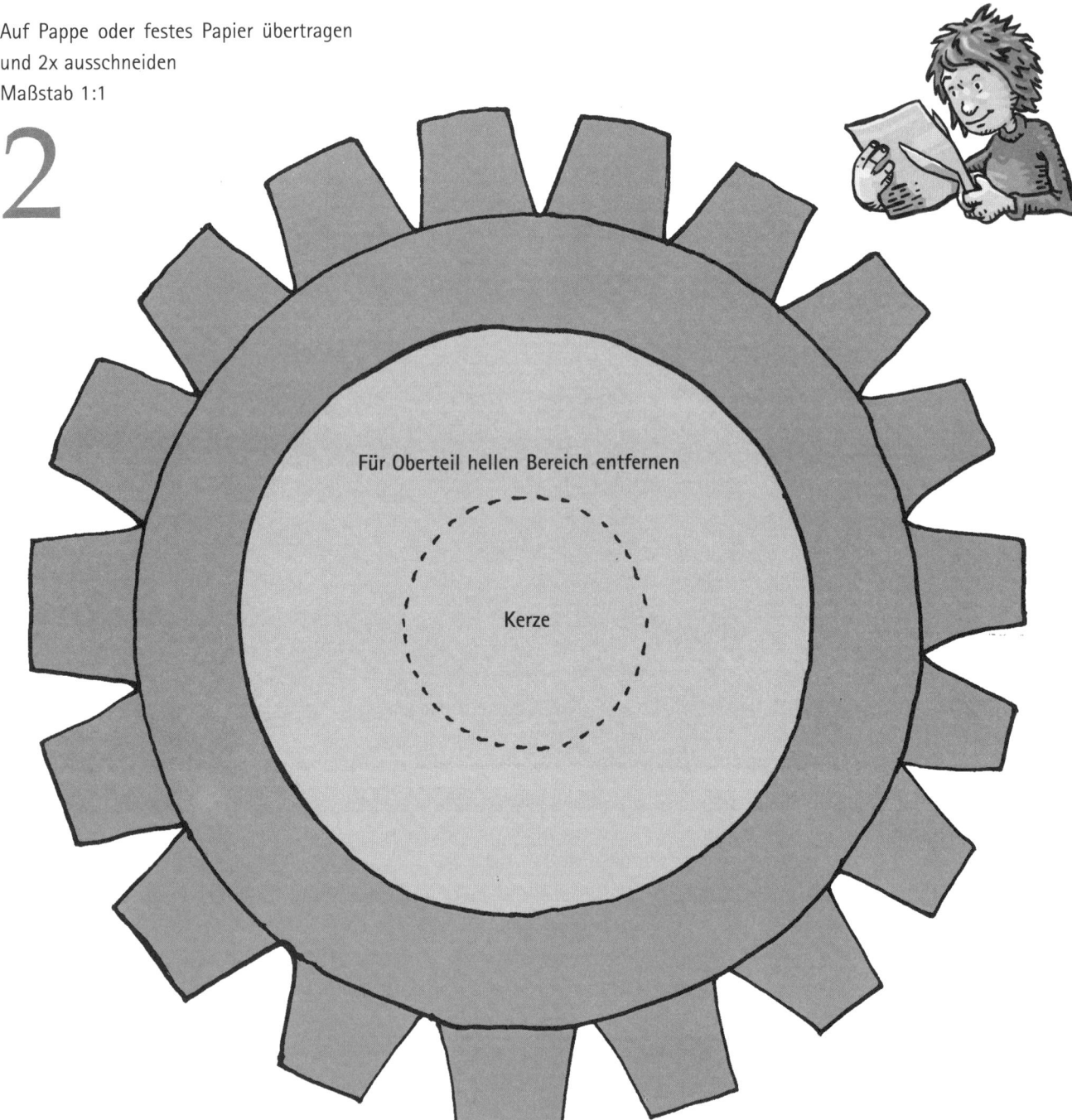

Für Oberteil hellen Bereich entfernen

Kerze

Praxis: Martin → Brauchtum

3

Bodenteil

Dünne Papp- oder stärkere Papierstreifen in 20 x 420 mm (Din A3 lang) ankleben.

Oberteil

5

Laternenstäbe lassen sich im Kaufhaus besorgen. Je nach Möglichkeit ist es aber auch schön, selbst geschnittene Ruten zu verwenden.

4

Löcher stechen und Draht einhängen.

Sichere Kerzenhalterung:
In den Stearinsee eines brennenden Teelichtes kann man eine Kerze drücken. Das Teelicht erlischt, und nach dem Erkalten steckt die Kerze fest in der Masse. Nun lässt sich das Blechnäpfchen auf den Laternenboden kleben, und die Kerze steht sicher.
Teelichter selbst sind zur Laternenbeleuchtung weniger geeignet, da das schwappende Stearin die Flamme ertränkt.
Bitte jeweils kontrollieren, ob die Kerze ausreichend Abstand zum Laternendeckel hat.

Das Transparent- oder Buntpapier wird entsprechend dem Umfang des Bodens gerollt und zusammengeklebt. Nun klebt man die Kerze auf den Boden, bevor der Leuchtzylinder an diesem befestigt wird. Der Kragen des Bodens wird dazu *über* den Zylinder gestülpt.
Für die auf Zug beanspruchten Verbindungen empfiehlt sich sorgfältige Verklebung, sonst löst sich die Laterne am Ende gar beim Martinszug auf...

Kragenstreifen: 20 mm x 420 mm plus

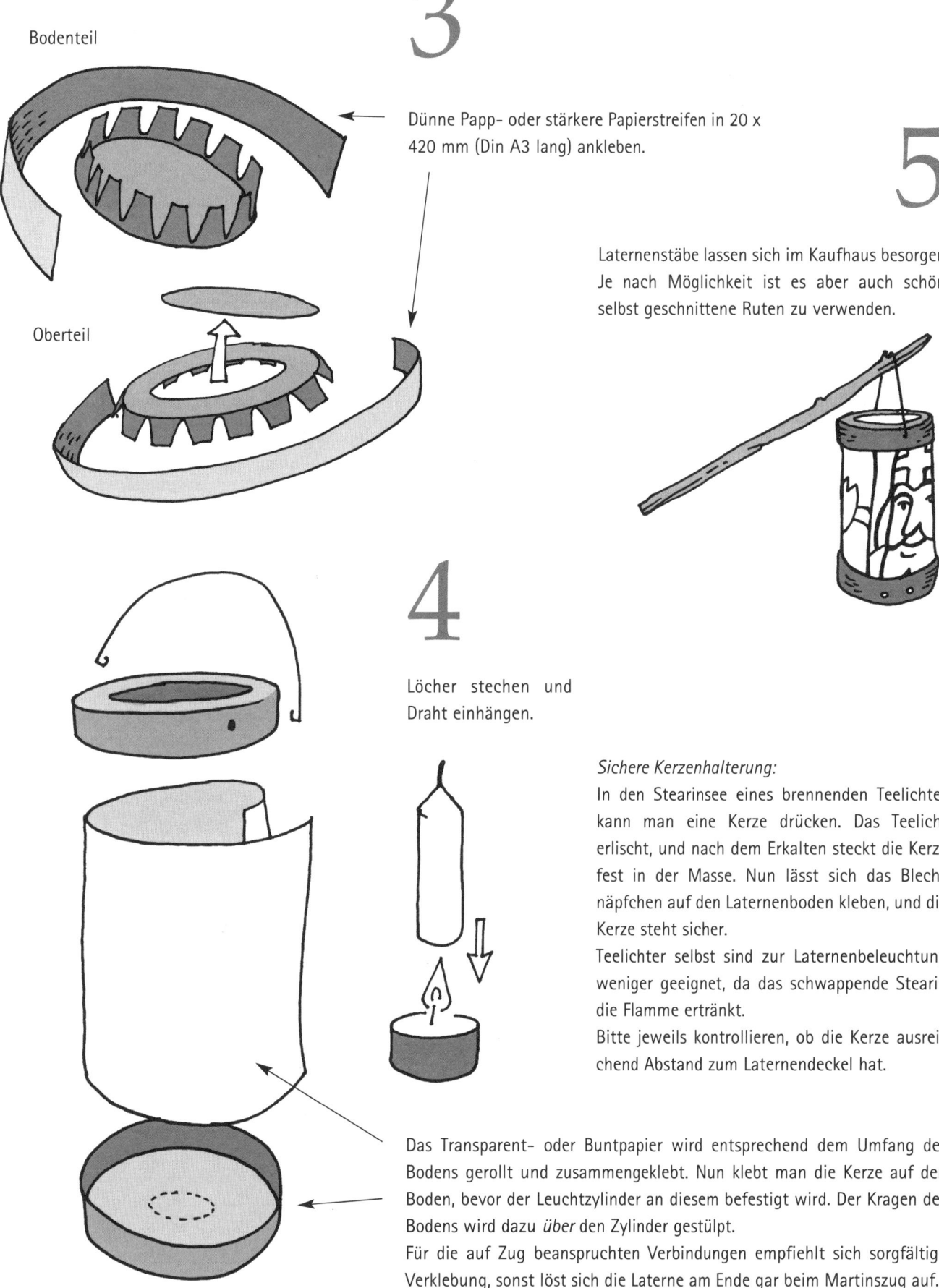

Bischofsmützenlaterne

Die Bischofsmütze erinnert an den späteren Bischof von Tours. Sie ist relativ schnell zu basteln, und stellt einen schönen Bezug zur Biographie des Heiligen her.

Alter: ab 6 Jahren

Material: Karton oder festes Papier, farbige oder klare Transparentpapiere (2 x A4 oder 1x A3), Schere, Klebstoff, Blumendraht, Teelichter und Kerzen.

Vorbereitung: Hilfreich ist es, eine maßstäbliche Schablone der Bischofsmütze zur Hand zu haben. Ansonsten Vorbereitungen zum Bau der Laternenböden (voriges Beispiel) treffen.

1 Man benötigt einen Laternenboden des vorherigen Musters.

2 Nebenstehende Mütze auf einen Din A3 Bogen oder zwei Din A4 Bögen übertragen. Die Gesamtbreite sollte passend zum Standardlaternenboden etwa 42 cm betragen. Die Klebelaschen nicht vergessen.

3x Streifen für das Kreuz (42 x 3-4 cm) aus festerem Papier schneiden.

3 Die Kreuze aufkleben und die Spitzen anpassen. Der horizontale Streifen bildet später zusammen mit dem Boden die konstruktive Taille der Laterne und sollte etwas überlappen, um zum Reif verklebt werden zu können.

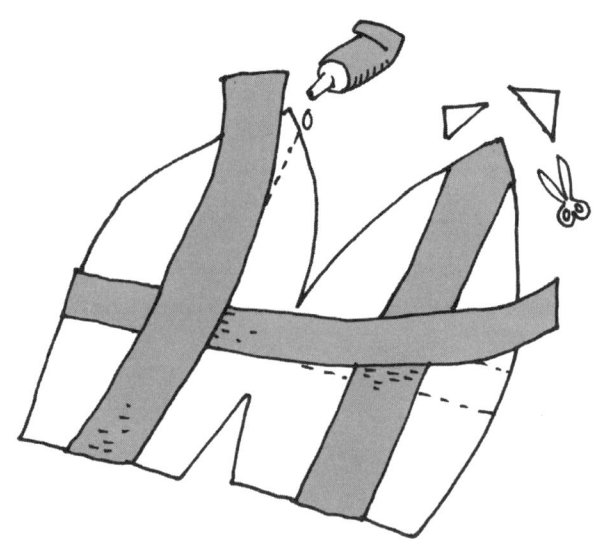

4 Zum Schluss wird die Mütze gut in den Boden geklebt. In die Löcher an den Zipfeln wird die Drahtschlaufe eingehängt. Kerzeneinbau wie beim vorherigen Muster.

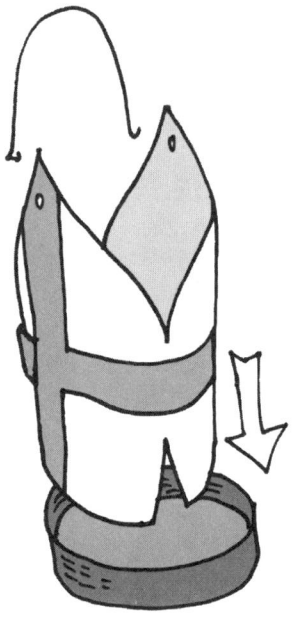

Praxis: Martin → Brauchtum

Weitere Laternenmotive auf Seite 32

Religion praktisch: Martin 29

Gänselaterne

1 Ausgangspunkt ist eine normale Zylinderlaterne des zuerst beschriebenen Typs. Die Farbe der Laterne sucht man sich ganz nach gewünschter Farbe der späteren Gans aus.
Die Höhe der Laterne sollte etwa bei 210 mm liegen.

2 Auf entspechend farbiges oder weisses Papier zeichnet man die Flügel, Kopf und Schwanz an. Füsse nicht vergessen! Schnabel und Füsse aus orangem Papier schneiden, oder anmalen. Jedes Teil wird spiegelverkehrt ein zweites Mal ausgeschnitten. Praktisch ist es, gleich zwei Bögen Papier übereinander zu legen und dann zu schneiden.

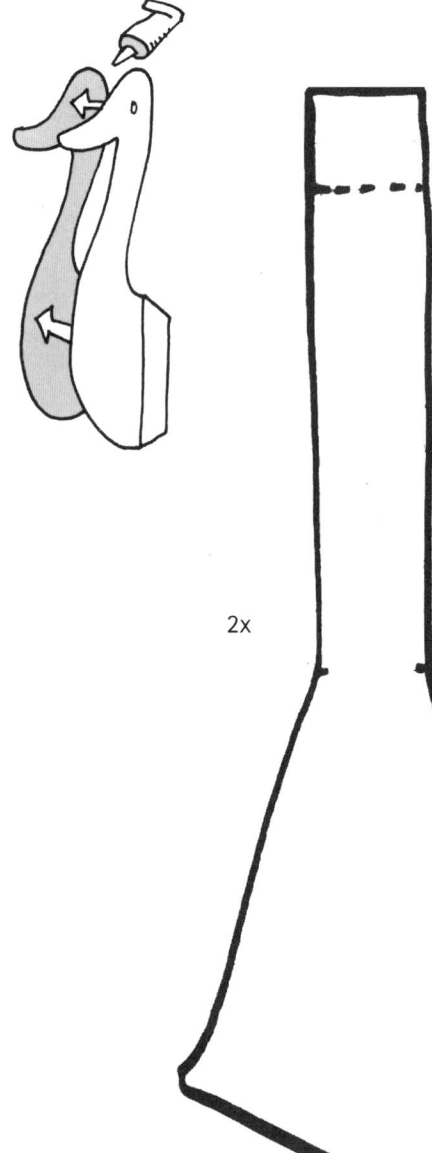

2x

Praxis: Martin → Brauchtum

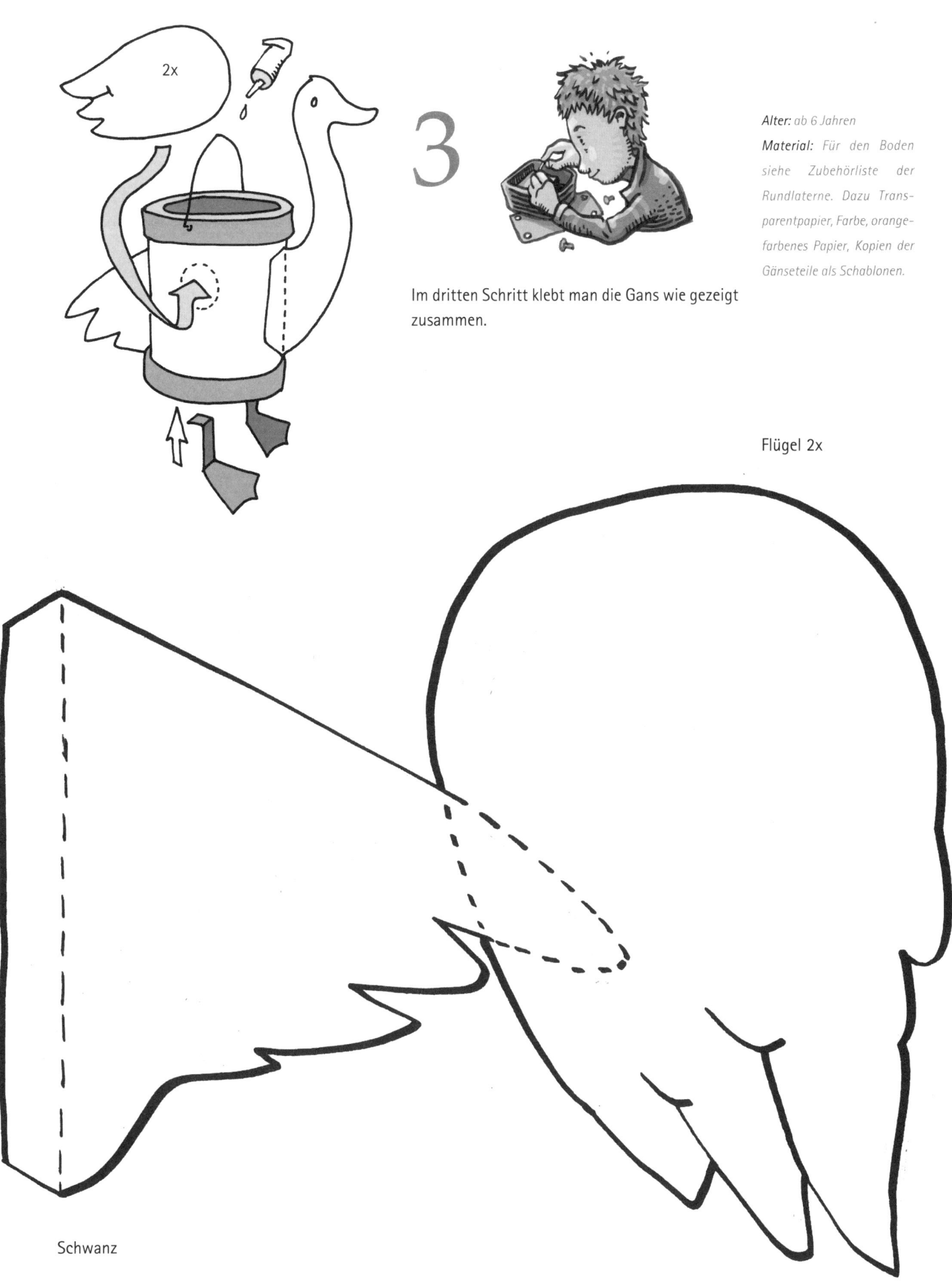

Im dritten Schritt klebt man die Gans wie gezeigt zusammen.

Alter: ab 6 Jahren
Material: Für den Boden siehe Zubehörliste der Rundlaterne. Dazu Transparentpapier, Farbe, orangefarbenes Papier, Kopien der Gänseteile als Schablonen.

Flügel 2x

Schwanz

Religion praktisch: Martin 31

Praxis: Martin → Brauchtum

32 Religion praktisch: Martin

Rübenlaterne

Die Rübenlaterne ist eine historische Form der Laterne. Früher höhlten die Menschen Rüben oder Kürbisse aus und schnitten Öffnungen hinein, durch die das Licht der Kerze scheinen konnte.

1 Kürbis oder Runkel oben abschneiden. Mit einem Messer und einem Löffel höhlt man die Rübe aus. Die Wandstärke sollte etwa 1 Zentimeter oder etwas mehr betragen.

Alter: ab 6 Jahren
Material: Große Runkelrübe oder Kürbis, Küchenmesser, Löffel, Filzstift oder Marker, Kerze.
Vorbereitung: Die Arbeit mit Messer und Löffel bedarf eines gewissen Kraftaufwandes. Bitte Vorsicht walten lassen und die Kinder dazu instruieren.

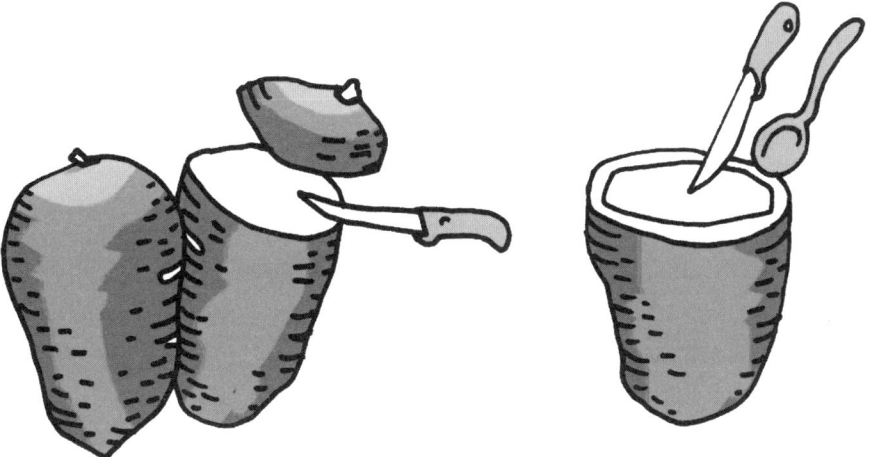

2 In die Wand wird nun ein Muster geschnitten. Man zeichnet mit Filzstift vor.

3 Nun setzt man die Kerze ein. Ein Halterungsloch am Laternenboden ist nützlich, man kann sie aber auch in Wachsmasse eingiessen. Falls man den Deckel wieder aufstecken will, benötigt dieser ein Loch, damit die Hitze entweichen kann. Mit Stecknadeln hält er ganz gut.

Loch einschneiden

Laternenlieder

Ich gehe mit meiner Laterne

Ich geh mit meiner Laterne
und meine Laterne mit mir.
Dort oben leuchten die Sterne
und unten, da leuchten wir.
Der Martinsmann, der zieht voran.
Rabimmel, rabammel, rabum.
Der Martinsmann, der zieht voran.
Rabimmel, rabammel, rabum.

Ich geh mit meiner Laterne
und meine Laterne mit mir.
Dort oben leuchten die Sterne
und unten, da leuchten wir.
Laternenlicht, verlösch mir nicht!
Rabimmel, rabammel, rabum.
Laternenlicht, verlösch mir nicht!
Rabimmel, rabammel, rabum.

Ich geh mit meiner Laterne
und meine Laterne mit mir.
Dort oben leuchten die Sterne
und unten, da leuchten wir.
Ein Lichtermeer zu Martins Ehr!
Rabimmel, rabammel, rabum.
Ein Lichtermeer zu Martins Ehr!
Rabimmel, rabammel, rabum.

Beim Nachhausegehen:
Ich geh mit meiner Laterne
und meine Laterne mit mir.
Dort oben leuchten die Sterne
und unten, da leuchten wir.
Mein Licht ist aus, ich geh nach Haus.
Rabimmel, rabammel, rabum.
Mein Licht ist aus, ich geh nach Haus.
Rabimmel, rabammel, rabum.

Text und Musik überliefert

Praxis: Martin → Brauchtum

Durch die Strassen auf und nieder

1. Durch die Straßen auf und nieder leuchten die Laternen wieder: Rote, gelbe, grüne, blaue, lieber Martin komm' und schaue!

2. Wie die Blumen in dem Garten
   blüh'n Laternen aller Art
   Rote, gelbe, grüne, blaue,
   lieber Martin, komm' und schaue!

3. Und wir gehen lange Strecken
   Mit Laternen an den Stecken
   Rote, gelbe, grüne, blaue,
   lieber Martin, komm' und schaue!

Text und Musik überliefert

Laterne, Laterne

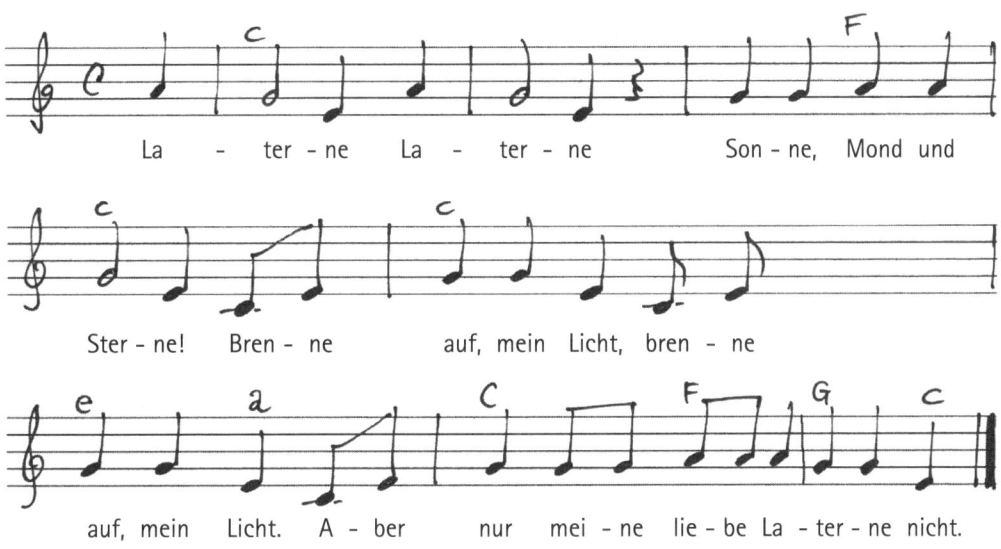

Laterne Laterne Sonne, Mond und Sterne! Brenne auf, mein Licht, brenne auf, mein Licht. Aber nur meine liebe Laterne nicht.

Text und Musik überliefert

Religion praktisch: Martin

Martin: Vom Teilen

Teilen Sie gerne? Die Geschichten von Martin verursachen Kindern regelmäßig ein Dilemma: Zum einen sind sie von dem, was Martin getan hat, beeindruckt. Sie finden es toll, dass Martin selbstlos bis zum letzten Hemd geteilt hat. Zum anderen wissen die Kinder aber auch, dass sie selber weniger haben, wenn sie von dem, was ihnen gehört, abgeben. Teilen muss deshalb für Kinder zwei Seiten haben. Wenn Kinder erleben können, dass sie Nutznießer des Teilens sind, dass sie abbekommen, dann fällt es ihnen leichter, selber abzugeben. Teilen hat für Kinder beide Seiten: das Nehmen und das Geben. Wenn beides für Kinder erlebbar zusammenfällt, können sie selber auch teilen. Die Bausteine der folgenden Seite wollen Kindern die Möglichkeit geben, Teilen einzuüben.

Simon teilt

Erzählhinweise

Ich erzähle ohne sonstige Hilfsmittel. Der Ausgangstext aus Matthäus 25, 31-46 ist nicht leicht zu vermitteln. Die Themen Weltengericht und Werkegerechtigkeit durchziehen diese Erzählung und lassen sich kaum in den Hintergrund rücken. Wer nicht mit der Figur des Simon arbeiten will, kann auch die oft erzählte Geschichte vom Schuster Martin verwenden, in der insbesondere der Vers 40b treffend illustriert wird.

Hinweise zur Arbeit mit diesem Baustein

Diese Geschichte braucht ein nachfolgendes Gespräch. Ich sehe dabei zwei Schwerpunkte: Zum einen wird der Bezug zur Mantelteilung hergestellt, zum anderen geht es um die Frage, wie in der heutigen Zeit eine „Mantelteilung" praktisch werden kann. Gemeinsam mit den Kindern wird über Ideen beraten. Das Gespräch kann in die Aktion M münden.

Simon schreckt hoch. So was Ärgerliches. Eine Gruppe vom Menschen hat sich um den Feigenbaum versammelt. Einer von den Menschen zeigt auf den Baum und beginnt zu erzählen: „Schaut euch die saftigen Zweige an und die Blätter des Baumes ...". Simon ist noch zu müde, um zuzuhören. Die Sonne steht hoch am Himmel. Er hat sich in der Mittagshitze ein schattiges Plätzchen auf dem Ölberg gesucht. Unter dem Feigenbaum muss er eingeschlafen sein. Simon schaut genauer hin. Den einen von den Männern kennt er. Das ist Petrus, ein Fischer aus der Nachbarschaft. Neulich hat man doch über den gesprochen. Seit einiger Zeit ist er mit dem Jesus unterwegs. Ob der Mann, der gerade erzählt, dieser Jesus ist? Von dem erzählt man ja noch viel mehr. Kranke macht er gesund und lindert Not. Vor allem aber erzählt er von Gott. Er erzählt davon, wie es ist, so zu leben, dass es Gott gefällt. Er sagt sogar, er wäre der Sohn dieses Gottes. Simon hört hin. „Eines Tages", so erzählt Jesus, „werden alle Menschen Gott erklären müssen, wie sie gelebt haben." Simon schließt die Augen. Er stellt sich einen königlichen Saal vor. Gott sitzt wie ein König auf einem Thron und die Menschen kommen zu ihm. Sie berichten, was sie in ihrem Leben getan haben. Simon schrickt zusammen. Die Vorstellung, dass Gott einmal das Leben der Menschen beurteilen wird, macht ihm ein wenig Angst. Er hört genauer hin, was Jesus erzählt: „Zu einigen Menschen wird Gott sagen: Ihr habt es gut gemacht. Als ich hungrig war, habt ihr mir zu essen gegeben. Als ich durstig war, habt ihr mir zu trinken gegeben. Als ich fremd war, wardt ihr gastfreundlich zu mir. Ihr habt mir Kleidung gegeben, als ich nackt war. Als ich krank war, habt ihr mich besucht. Ihr habt es gut gemacht!" Simon schüttelt verwundert den Kopf. Er kann sich nicht daran erinnern, dass Gott je bei ihm zu Besuch gewesen wäre, geschweige denn, dass er Gott zu essen oder zu trinken angeboten hätte. Simons Gedanken schweifen ab. Er stellt sich vor, wie es wäre, Gott selbst als Gast zu haben und ihn bewirten zu können. Zuerst würde er einen Hausputz machen, der sich gewaschen hätte. Und dann würde er den großen Raum schmücken. Maria, seine Frau, würde das beste Essen kochen, was es je gegeben hätte. Und Sarah, die Schwester von Maria, würde zur Unterhaltung singen. Das wäre wunderbar. Simon hört wieder hin. „Es ist nicht so, dass Gott bei den Menschen persönlich zu Besuch kommt", sagt Jesus. „Wenn ein Mensch einem anderen Menschen, der in Not ist, gerne hilft, dann ist es so, als hätte er Gott geholfen. Wer einen hungrigen Menschen speist, einen kranken Menschen besucht oder einem armen Menschen in Not hilft, macht es gut. Es ist so, als hätte er es direkt für Gott getan. Der lebt so, wie Gott es für gut hält." Simon schüttelt verwundert den Kopf. So hat er das noch gar nicht gesehen. Simon blinzelt in die Sonne. Die Mittagspause ist schon lange vorbei. Simon steht auf und macht sich auf den Heimweg. Gestern hatte ihn noch der lahme Josef aus dem ersten Haus in der Straße gefragt, ob er ihm beim Gartenzaun helfen kann. Josef hat sonst keinen mehr, der ihm helfen könnte. Und alleine kann er es schon gar nicht schaffen. Heute nach dem Abendessen will Simon hingehen.

Aktion M

Das M in Aktion M steht für Martin oder Mantelteilung. Die Kinder können eingeladen werden, in der Martinswoche an der Aktion M teilzunehmen. Im Mittelpunkt steht dabei der Gedanke des Teilens.

So geht's: Aus dem Holz werden nach Vorlage runde Stücke geschnitten (für jedes Kind eins). Die Kinder malen die Holzscheiben schwarz an. Mit der gelben Farbe wird nun ein großes M (mit Schablone) auf die Scheibe geschrieben. Mit den Klebeklettstreifen kann der Holzbutton nun an der Kleidung befestigt werden. Die Gegenstücke, die an der Kleidung befestigt werden, müssten die Kinder in mehrfacher Ausfertigung mitbekommen, um die Kleidung wechseln zu können.

Tipps: Der Button kann in einer „Light-Version" auch aus Pappe gefertigt werden, hält dann aber nicht so gut durch. Schließlich soll der Button eine Woche lang getragen werden können. Andere Varianten sind ebenfalls denkbar.

Material: dünnes Holz (Bastelbedarf) als Brett oder Scheibe, schwarze (dunkelblaue) und gelbe Farbe, Pinsel, Klebeklettstreifen

Hinweise zur Arbeit mit diesem Baustein

Die Aktion M kann je nach Gruppe oder Kind unterschiedlich ausgeprägt werden. „Ich teile wie Martin" ist der Gedanke, der mittels des Buttons immer wieder in Erinnerung gerufen werden soll. Was tatsächlich geteilt wird, liegt im Ermessen der Gruppe, des einzelnen Kindes und bedarf einer vorherigen Klärung. Dies können die geheischten Süßigkeiten vom Martinsabend sein, eine besondere Mahlzeit der Woche mit bedürftigen Gästen, das mitgebrachte Pausenbrot o.ä. Auch nichtmaterielle Güter wie Zeit können geteilt werden. Es ist notwendig, im Verlauf der Woche immer wieder auf die Aktion zu sprechen zu kommen und die Kinder nach ihren Erlebnissen zu fragen.

Martinsbrezeln backen

So geht's: Aus den Zutaten wird ein Hefeteig gefertigt. Der Teig muss 20 min gehen, dann wird er erneut verknetet. Aus dem Teig werden Brezeln geformt und auf ein eingefettetes Backblech gelegt. Milch und Eigelb werden miteinander verrührt und die Brezeln damit bestrichen. Im Ofen werden die Brezeln bei 200 Grad ca. 20min lang gebacken.

Zutaten: 500g Mehl, 100g Zucker, 2 Eier, 1 Prise Salz, 125 ml Milch, 120g Butter, 30g Hefe, Milch und Eigelb zum Bestreichen

Hinweise zur Arbeit mit diesem Baustein

Jedes Kind kann mit seiner Brezel eine „Mantelteilung" vornehmen. Es teilt die Brezel mit einem anderen Kind. So wird die Botschaft vom Teilen weitergetragen.

Martinsgebet

Guter Gott,
die Geschichten von Martin beeindrucken uns.
Er hat alles geteilt, was er hatte,
er hat Not gelindert, wo er konnte,
er hat geholfen, wo es möglich war.

Guter Gott,
in unserer Welt sehen wir viele Menschen,
die von allem zuwenig haben,
die Not erleiden müssen,
die Hilfe nötig haben.

Guter Gott,
heute hören wir die Geschichten von Martin.
Wir wollen teilen und helfen, wo wir es können.
Hilf uns dazu. Amen.

Praxis: Martin → Vom Teilen

Der Button mit dem M

Erzählhinweise

Ich erzähle ohne weitere Materialien. Es ist möglich, einen „verlaufenen" Button zu fertigen (siehe Aktion M) und diesen zum Abschluss der Geschichte auf den Tisch zu legen.

Hinweise zur Arbeit mit diesem Baustein

Die Geschichte berichtet von zwei unterschiedlichen Arten zu teilen. Ich frage die Kinder:
- Hättet ihr mit Judith das Brötchen geteilt?
- Findet ihr es gut, wie Judith auf die Aktion M reagiert hat?
- Was ist der Unterschied zwischen Pio und Judith?

„Was ist denn das?" Judith schaut zum wiederholten Mal von ihrem Buch auf Maras rechte Pulloverseite. Den schwarzen Button mit dem gelben M darauf kann man auch wirklich nicht übersehen. „Das ist ein Martinszeichen", erklärt Mara. Judith versteht nicht. „Das M steht für Martin oder Mantelteilung", fügt Mara hinzu. Das M ist deshalb gelb, weil dass, was Martin getan hat, wie ein Licht in dunkler Nacht war." „Deshalb ist der Button schwarz", schlussfolgert Judith und nickt. „Die Geschichte mit der Mantelteilung habe ich auch schon gehört." „In der Kirchengruppe haben wir beschlossen, eine Woche lang diesen Button zu tragen", fährt Mara fort. „Das soll uns daran erinnern, so wie Martin zu sein. Wir helfen Menschen in Not und teilen, was wir haben." Judith schüttelt leicht mit dem Kopf. „Müsst ihr dann alles teilen?" will sie wissen. „Na ja", sagt Mara und runzelt die Stirn. „Alles nicht. Aber wenn ich etwas habe und ein anderer Mensch nicht, dann denke ich schon darüber nach, ob ich teilen könnte." „Hast du vielleicht einen Schokoriegel dabei?" fragt Judith. „Nein", sagt Mara. „Oder ein Brötchen?" fragt Judith. Mara nickt. „Das trifft sich gut", sagt Judith. „Ich habe gerade großen Hunger." Mara zieht sich am Ohrläppchen. Das tut sie immer, wenn sie nicht genau weiß, was sie machen soll. Dann nimmt sie ihre Brotdose aus dem Rucksack und teilt das Brötchen in zwei Hälften. „Ist Käse drauf?" will Judith wissen. Mara reicht ihr eine Hälfte. Judith beißt mit Appetit hinein. „Hast du morgen auch wieder ein Brötchen dabei?" fragt sie nach ein paar Bissen. Mara runzelt die Stirn und steht auf.

Mara schließt die Tür vom Schreberschuppen hinter sich und flegelt sich in den Sessel. Sie kommt oft her, um ihre Hausaufgaben zu machen. Der Schlüssel hängt hinter dem letzten Dachsparren. Heute hing er nicht da, aber die Tür war offen. Sie ist noch ganz in Gedanken versunken. „Hallo Mara." Mara schrickt furchtbar zusammen. Sie hat Pio gar nicht bemerkt. Der kauert auf einem Stuhl in der hintersten Ecke des Schuppens. Mara sieht die feuchten Tränenspuren auf Pios Wangen. „Du hast geweint", stellt sie fest. Pio nickt und schon wieder laufen Tränen über seine Wangen. Mara steht auf und hockt sich vor Pios Stuhl hin. „Was ist los?" fragt sie. „Es ist wegen meines Vaters ...", beginnt Pio. Mara steht auf und drückt Pio an sich. Pios Vater hat vor einigen Jahren die Familie verlassen. Das war schlimm für Pio und Tom. Ihre Mutter musste arbeiten gehen und Pio ist oft alleine zu Hause gewesen. Mara streichelt Pio über den Rücken. Pio muss manchmal weinen, wenn er an seinen Vater denkt. „Es ist genau zwei Jahre her", murmelt Pio.

„Hast du mit Tom darüber gesprochen?" fragt Mara. „Ach was", sagt Pio und winkt so energisch mit der Hand ab, dass Mara beinahe das Gleichgewicht verliert. „Der will davon nichts wissen", fügt er hinzu und schneuzt sich in das Taschentuch, das Mara ihm reicht. „Und deine Mutter?" will Mara wissen. „Die weint auch immer, wenn ich davon anfange", sagt Pio leise. Mara drückt ihn noch ein wenig fester an sich. Lange sitzt sie mit Pio so da. „Ich gehe jetzt", sagt Pio. „Es ist gut, dass du da gewesen bist!" „Wir sehen uns morgen", antwortet Mara.

Als Mara sich abends den Pullover auszieht, bleibt sie an einem harten Gegenstand an dem Pullover hängen. Ach ja, der Martinsbutton. Mara löst den Button vom Pullover. Dann schaut sie genauer hin. Mit dem gelben M ist etwas passiert. Pio muss mit seiner tränennassen Wange an den Button gekommen sein. Das gelbe M ist verlaufen. Mara lächelt. Fast sieht es so aus, als würden gelbe Strahlen in den schwarzen Hintergrund hineinleuchten.

Praxis: Martin → Vom Teilen

Mantel würfeln und teilen

Aus sechs Mantelstücken wird ein ganzer Mantel gewürfelt. Jeder bekommt einen Mantel und gibt an den anderen ab.

So geht's: Jeder Mantel besteht aus sechs Teilen. Für jeden Mitspieler wird ein kompletter „Mantelsatz" kopiert und ausgeschnitten. Die Mantelteile werden auf dem Tisch verteilt. Es wird reihum gewürfelt. Der Augenzahl entsprechend darf ein Mantelteil genommen werden. Erwürfelt sich ein Spieler zwei Mantelteile gleichen Punktwertes, gibt er eines an einen Mitspieler ab, dem dieses noch fehlt. Der Mitspieler, der seinen Mantel zuerst zusammengesetzt hat, verteilt die Belohnung.

Material: Jeweils sechs Mantelteile in der Anzahl der Mitspieler, Würfel, Belohnung.

Hinweise zur Arbeit mit diesem Baustein
Ich spiele dieses Spiel gerne zum Anfang einer Gestaltungseinheit. Die Teilungsaspekte können später im Gespräch noch einmal aufgegriffen werden.

Religion praktisch: Martin 39

Martinsabend im Schreberschuppen

„Kann`s losgehen?" Mara stupst Pio in die Seite. Es ist gar nicht so leicht gewesen, Pio im fackelnden Licht des Martinsfeuers zu finden. Pio ist noch ganz beeindruckt von der Vorführung. Nachdem sie durch halb Rothang gezogen waren, hat sich der ganze Martinszug am Pestalozzi-Platz um das hoch aufgeschichtete Holz und Reisig für das Martinsfeuer versammelt. Die Fackelläufer haben ihre herunter gebrannten Fackeln in den Haufen gesteckt. Hoch sind die Flammen gelodert. Die erste Reihe der Menschen um das Feuer musste einen Schritt zurück treten, so heiß brannte das Feuer. Dann ist die Szene mit der Mantelteilung vorgeführt worden. Bäcker Krebber hat, wie jedes Jahr, den Bettler gespielt. Zitternd hat er auf dem Boden gekauert und um Hilfe gebettelt. Dann kam St. Martin auf seinem Schimmel angeritten und hat Herrn Krebber einen Teil seines roten Umhangs gegeben. Richtig durchgeschnitten hat er den Umhang aber nicht. Das waren vorher schon zwei Hälften, Pio hat es genau gesehen. Macht aber nichts.

„Was ist jetzt?" Mara drängelt ein bisschen. Pio reißt sich vom Feuer los. „Hast du deine Flöte dabei?" fragt er. Mara hält eine schmale Tasche hoch. Pio hat alles genau geplant. Auf der Straßenkarte von Rothang hat er sich drei Straßen ausgesucht. Im Hans-Damaschke-Ring wohnt er selbst. Die Nachbarn haben schon gefragt, ob er heute Abend singen kommt. In der Lessingstraße gibt es auch viele Wohnhäuser. Dort wird es bestimmt eine Menge Süßigkeiten geben. Und in der Professor-Strax-Straße wohnen viele, die neu hergezogen sind. Die sind bestimmt spendabel. Auch, weil Mara ihn auf der Flöte begleitet. Pio hat extra einen großen Beutel eingesteckt. „Wir treffen uns nachher im Schreberschuppen!" ruft Tom. Er ist gerade dazu gekommen, als Mara und Pio vom Pestalozzi-Platz in die Lessingstraße laufen. „Und bringt viele Süßigkeiten mit!" „Geh selber singen", murmelt Pio.

Tom hat eine Rübe ausgehöhlt und ein paar Öffnungen hinein geschnitten. Dann hat er ein Teelicht angezündet und die Rübe mit dem Teelicht ins Fenster vom Schreberschuppen gestellt. Eduard und Patty sind auch schon da. In diesem Jahr wollten sie nicht mehr an den Türen singen gehen. Tom erst recht nicht. Eduard schaut aus dem Fenster. „Da sind sie", sagt er. Auf dem Kiesweg zwischen den Parzellen im Schrebergarten baumelt ein Licht hin und her. Pio hat die Kürbislaterne, die beim Sturz auf dem Martinszug kaputt gegangen war, notdürftig geflickt. Tom reißt die Tür auf: „Na, du Martinspirat! Fette Beute gemacht?" Pio stellt einen prall gefüllten Beutel auf den Tisch. Tom packt den Beutel an den Enden und leert ihn mit Schwung aus. Die Süßigkeiten prasseln auf den Tisch. „Wie wollen wir teilen?" fragt er lachend. Pio sagt gar nichts. „Das sind eigentlich Pios Süßigkeiten", sagt Mara. „Und das sind Maras Süßigkeiten", sagt Pio. „Wir haben Hälfte-Hälfte vereinbart", setzt er hinzu. Tom lässt sich in den Sessel fallen. „Die Straxe teilen immer!" sagt er leise. Pio fängt an, zwei Haufen aus den Süßigkeiten zu machen. Es dauert ein wenig, bis er fertig ist. Dann nimmt er sich einen Schokoriegel von dem einen Haufen und beißt hinein. Keiner sagt ein Wort. Schweigend kaut Pio. Mara fängt an, aus ihrem Haufen vier kleine Haufen zu machen. Dann schiebt sie die Haufen zu Eduard, Patty und Tom. Patty kramt in ihrem Rucksack und legt drei Weckmänner auf den Tisch. Pio schluckt. Patty teilt die Weckmänner in Hälften und schiebt die Teile zu den Haufen. Pio schluckt. Vor seinem großen Haufen liegt auch eine Hälfte. Eine Hälfte ist übrig. „Die ist für Frau Maier", sagt Patty und beißt in ihren Weckmann. Pio greift über den Tisch und schiebt die anderen vier Haufen auf seinen großen Haufen. „Was soll das?" fragt Tom scharf. „Lass ihn", beschwichtigt Mara. Aus dem einen großen Haufen teilt Pio fünf kleine Haufen ein und schiebt sie über den

Tisch. „Straxe teilen immer", sagt er leise. Es klingt wie eine Entschuldigung. „Danke", sagt Tom und lacht. Dann holt er die Rübe vom Fensterbrett und stellt sie auf den Tisch. Mara greift nach ihrer Flöte und spielt eine Melodie. Pio beißt in den Weckmann. Er kann sich nicht erinnern, dass ein Weckmann jemals so gut geschmeckt hat. „Von Zuhause?" fragt er mit vollem Mund. Patty nickt. „Als ich vor drei Jahren an den Türen singen war", beginnt Eduard, „war da eine Tür, an der ein Schild mit der Aufschrift hing: Bitte keine Martinslieder!". Die anderen lachen. Die Geschichte mit dem Weihnachtslied, der Apfelsine und dem kaputten Socken erzählt Eduard jedes Jahr am Martinsabend.

Erzählhinweise

Ich erzähle die Geschichte im entsprechenden „Ambiente": Ich höhle eine Rübe aus und stelle sie mit einem Teelicht auf den Tisch oder ins Fenster. Auf den Tisch lege ich einen (kleinen) Haufen Süßigkeiten. Wenn möglich, bringe ich auch Weckmänner mit. Während ich erzähle, mache ich die „Teilungen" entsprechend der Anzahl der Kinder in der Gruppe nach. Nach der Geschichte essen wir Süßigkeiten und Weckmänner und sprechen über die Geschichte.

Hinweise zur Arbeit mit diesem Baustein

Die Geschichte bietet sich an, Fragen zum Thema Teilen zu stellen und im Gespräch mit den Kindern zu beantworten:

- *Was denkt ihr über Pio? Musste er mit allen teilen? Was ist der Unterschied gewesen zwischen dem ersten Teilen mit Mara und dem Teilen mit allen? Warum hat Pio schließlich mit allen geteilt?*
- *Was denkt ihr über Tom? Ist es etwa selbstverständlich, dass Geschwister teilen?*
- *Was denkt ihr über Patty?*

Weckmänner teilen

So geht's: Ich achte darauf, dass die Gruppe der Kinder aus 2, 3 oder 6 Kindern besteht. Aus einer großen Gruppe bilde ich deshalb verschiedene kleine Gruppen. Auf dem Tisch liegen Weckmänner in der Anzahl der Kinder. Zu der ersten Strophe des Textes nimmt sich das Kind einen Weckmann vom Stapel und teilt ihn in sechs Teile (Kopf, zwei Arme, zwei Beine, Rumpf). Dann legt es vor jedes Kind und vor sich selbst zwei Teile des Weckmanns. Bei zwei Kindern sind es drei Teile pro Kind, bei sechs Kindern ein Teil pro Kind. Zur nächsten Strophe nimmt sich das nächste Kind einen Weckmann und teilt wiederum die einzelnen Teile aus. Dabei muss es darauf achten, dass die Teile entsprechend verteilt sind. Wenn die Gruppen aus sechs Kindern bestehen, muss der Text zwei Mal gesprochen werden. Bei zwei Kindern pro Gruppe wird die dritte Strophe zusätzlich gesprochen. Schließlich kann jedes Kind aus den einzelnen Teilen einen ganzen Weckmann zusammensetzen und essen. Dazu reiche ich Butter und süßen Aufstrich.

Alter: ab 6 Jahren

Vorbereitung: Ich besorge Weckmänner in der Anzahl der Kinder.

Wir teilen

Es ist genug für alle da,
weil Gott uns reichlich gibt.
Ich nehme und teile,
schaue und gebe,
bis jeder vor sich liegen hat:
von einem werden alle satt.

Wenn ich von meinem gebe,
habe ich nicht zuwenig.
Ich nehme und teile,
schaue und gebe,
bis jeder vor sich liegen hat:
von einem werden alle satt.

Wenn jeder von sich abgibt,
gibt es keine Not.
Wir nehmen und teilen,
schauen und geben,
bis jeder vor sich liegen hat:
von einem werden alle satt.

Martin: Gestaltungsvorschlag Martinsfest

Gestaltung des Raumes
Ich gestalte mit ausgehöhlten Rüben und einfachen Laternen mit Martinsmotiv. Es bietet sich an, die Rüben mit den Kindern zusammen zu erstellen. Dies kann den Einstieg in die Gestaltung ausmachen.

Martinsquiz

Material: Fragezettel, Plakat mit den Fragefeldern
Vorbereitung: Das Blatt mit dem Fragefeld wird groß kopiert und sichtbar an der Wand befestigt.

Hinweise zur Arbeit mit diesem Baustein
Ich verwende den Baustein gerne zum Einstieg in den Abend, um einzelne Inhalte zum Thema Martin noch einmal ins Gedächtnis zu rufen. Es muss abgeschätzt werden, ob die Fragen für die Kinder zu schwer oder zu leicht sind.

So geht's: Ich teile die Kinder in mindestens zwei Gruppen. Abwechselnd wählen die Gruppen ein Fragefeld aus. Der Quizmaster liest die Frage vor und gibt der Gruppe eine begrenzte Zeit, um die Frage zu beantworten. Ist die Antwort der Gruppe richtig, bekommt sie den Fragewert gut beschrieben. Kann sie die Frage nicht richtig beantworten, verfällt der Fragewert. Auf den Feldern mit dem Martinsjoker erhält die Gruppe die Punkte ohne Frage, bei Feldern mit dem geteilten Mantel erhält sie den doppelten Punktwert. Die Gruppe mit den meisten Punkten gewinnt schließlich.

Die Vorlage für den Spielplan und die entsprechenden Fragen finden sich auf der gegenüberliegenden Seite.

Martinsgans essen
Im familiären Kontext kann das Martinsgans-Brauchtum aufgenommen werden. Rezepte für die Zubereitung für Martinsgänse finden sich im Kochbuch. Ein einfaches Rezept soll hier vorgeschlagen werden.

Martinsgans mit Apfel-Beifuß-Füllung

Zutaten: Gans (ausgenommen), kleine Äpfel, ein Stiel Beifuß, Salz, Apfelrotkohl (aus dem Glas) und Klöße (Mischung)

So geht's: Die ausgenommene Gans wird innen und außen mit Salz eingerieben und mit den klein geschnittenen Äpfeln und dem gehackten Beifuss gefüllt und zugenäht. In einem großen Bräter wird sie im Ofen im eigenen Fett knusprig braun gebraten. Serviert wird die Gans mit Apfelrotkraut und Klößen.

Martinsschiffchen
Mit einer Gruppe von Kindern können Martinsschiffchen gefertigt werden.

Zutaten: 2 Eier, 125g Butter, Prise Salz, 200g Zucker, ¼ Tasse Zitronensaft, 1 Beutel Vanillezucker, 1 Tasse Rosinen, 1 Tasse grob gehackte Walnüsse
Hinweis: Es eignen sich Förmchen in der Form von Schiffchen für dieses Gebäck. Es können aber auch andere Formen verwendet werden (Muffinsblech).

So geht's: Die beiden Eier werden verquirlt und zusammen mit der zerpflückten Butter in einen Topf gegeben. Bei schwacher Hitze schmilzt die Butter mit den Eiern. Die übrigen Zutaten werden hinzugegeben und gut verrührt. Die Masse wird in einzelne Förmchen gefüllt und bei 180 Grad im Ofen braun gebacken.

Martinsquiz

Martins Geschichte	60	70	80	90	100
Martinsbräuche	60	70	80	90	100
Martinslieder	60	70	80	90	100
Martinsessen	60	70	80	90	100
Laternenlieder	60	70	80	90	100

MG 60: Wofür steht das St. In Martins Namen? (Sankt)
MG 70: Welchen Beruf hat Martin ursprünglich gelernt? (Soldat)
MG 80: Welchen Beruf hat Martin später ergriffen? (Mönch / Bischof)
MG 90: Martinsjoker
MG 100: Wie lange ist es ungefähr her, dass Martin gelebt hat? (1600-1700 Jahre)

MB 60: Welche leuchtenden Gegenstände basteln die Kinder am Martinsabend? (Laternen)
MB 70: Welche Begebenheit wird am Martinsabend vorgespielt? (Mantelteilung)
MB 80: Martinsjoker
MB 90: Welches Tier wird mit Martin in Verbindung gebracht? (Gans / Schimmel)
MB 100: Wie heißt der Mann aus Teig, der am Martinsabend verzehrt wird? (Weckmann)

ML 60: Womit teilt St. Martin dem Lied nach seinen Mantel? (Schwert)
ML 70: Wodurch ritt St. Martin dem Lied nach? (Schnee und Wind)
ML 80: Wie wird Martins Pferd im gleichen Lied genannt? (Ross)
ML 90: Was hat der Mann im Schnee in diesem Lied an? (Lumpen)
ML 100: Martinsjoker

ME 60: Martinsjoker
ME 70: Was bekommen Kinder beim Martinsheischen? (Süßigkeiten)
ME 80: Was trägt der Weckmann im Arm? (Pfeife)
ME 90: Was wird traditionell zur Martinsgans gegessen? (Klöße und Rotkohl)
ME 100: Welches Gebäck vom Martinsabend kann man gut in zwei Hälften teilen? (Martinsbrezel)

LL 60: Mit wem geht „meine Laterne" dem Lied nach? (mit mir)
LL 70: Was leuchtet oben, wenn unten wir leuchten? (Sterne)
LL 80: Was schwirrt abends, wenn es dunkel wird? (Fledermaus)
LL 90: Martinsjoker
LL 100: Was tun die Kinder im Auf- und niederwallen? (ein Lied erschallen lassen)

Martinsspiel erarbeiten

Während die kulinarischen Köstlichkeiten im Ofen verweilen, übe ich mit den Kindern ein Martinsspiel ein. Ich halte mich dabei entweder an das Lied „St. Martin ritt durch Schnee und Wind" und spiele Szenen zu den einzelnen Strophen oder spiele die Szene frei nach. Das Spiel kommt später am Feuer zur Aufführung.

Requisiten: Schnee (Papierschnipsel oder Füllstoff aus Paketen), Decke für eine Pferdeverkleidung, Mantel (Stück Stoff), Schwert

Strophe 1
Sankt Martin ritt durch Schnee und Wind,
sein Ross, das trug ihn fort geschwind.
Sankt Martin ritt mit leichtem Mut,
sein Mantel deckt ihn warm und gut.

So spiele ich: Aus zwei oder drei Kindern stelle ich ein Pferd zusammen. Ein Kind läuft aufrecht, die anderen beiden Kinder halten sich gebückt an der Hüfte des Kindes fest. Darüber lege ich die Decke. Der Reiter setzt sich auf den Rücken der Kinder. Aus erhöhter Position wird „Schnee" auf Reiter und Pferd geworfen. Wichtig ist der wärmende Mantel (Stück Stoff). Martin trägt ein Holzschwert. Es ist gut, wenn Martin nicht gar so schwer und der „Pferderücken" recht kräftig ist.

Requisiten: Lumpen, noch mehr Schnee

Strophe 2
Im Schnee, da saß ein armer Mann,
hatt`Kleider nicht, hatt` Lumpen an.
„Oh helft mir doch in meiner Not,
sonst ist der bittre Frost mein Tod!"

So spiele ich: Ein Kind wird in Lumpen gekleidet. Auf dem Boden liegt noch mehr Schnee. Martin reitet auf den Bettler zu, der im Schnee sitzt und mit dramatischer Geste um Hilfe ruft. Natürlich schneit es dabei weiter. Die Kinder, die nicht Martin, Bettler oder Pferd sind, können jetzt als Menschenmenge zur Geltung kommen.

Strophe 3
Sankt Martin zieht die Zügel an,
sein Roß steht still beim armen Mann.
St. Martin mit dem Schwerte teilt,
den warmen Mantel unverweilt.

So spiele ich: Der Mantel muss möglicherweise präpariert werden. Wenn der Stoff einmal durchgeschnitten und mit Heftklammern wieder zusammengesetzt wird, lässt er sich mit großartiger Geste teilen. Damit Martin mit Schwert und Mantel nicht überfordert ist, greift der Bettler bereits nach einem Mantelende und zieht kräftig mit.

Strophe 4
Sankt Martin gibt den halben still,
der Bettler rasch ihm danken will.
Sankt Martin aber ritt in Eil
hinweg mit seinem Mantelteil.

So spiele ich: Hat der Bettler den halben Mantel in Händen, rappelt er sich mit dankender Geste auf. Sankt Martin reitet aber bescheiden davon.

Aktion: Rübenlaterne schnitzen

Wenn die Rübenlaterne nicht schon zu Beginn der Gestaltung gefertigt wurde, baue ich den Baustein an dieser Stelle ein. Hinweise zur Gestaltung finden sich auf Seite 33 in diesem Heft. Die Kinder nehmen ihre Rübenlaterne anschließend mit nach Hause.

Laternen teilen

Alternativ zur Rübenlaterne für Tisch oder Fenster kann auch diese Laternen gefertigt werden. Sie lässt sich „teilen". Ich verwende dabei die Basisform der Laterne, die sich in diesem Heft auf Seite 26 findet.

Himmelslaterne

So geht's: Das dunkelblaue Transparentpapier wird zwischen Bodenring und Deckel eingeklebt. Aus dem hellblauen Transparentpapier werden Sterne ausgeschnitten und auf die dunkelblaue Laterne geklebt. Die kleinen Schokoriegel werden am oberen und unteren Kartonstreifen befestigt. Die übrigen Riegel werden in die Tasche gesteckt und auf dem Umzug ausgeteilt.

Material: dunkelblaues und hellblaues Transparentpapier, zwei Tüten Milky-Way (mini)

Martinsabend mit Hindernissen

„Mist!" Patty knallt die Tür von Eduards Zimmer hinter sich zu und schmeißt ihren Rucksack auf den Klavierschemel. Ihr Zwillingsbruder schreckt vom Bett hoch. Nach der Schule legt er sich immer ein paar Minuten hin, bevor er sich an die Hausaufgaben macht. Es dauert immer bis kurz nach Zwei, bevor Oma zum Essen ruft. Patty flegelt sich auf den Sessel vor dem Computertisch. „Was'n los?" will Eduard wissen. „Der ist so blöd!" regt Patty sich auf. Sie steht aus dem Sessel auf, schubst ihren Rucksack vom Schemel und setzt sich selber darauf. Mit einem kräftigen Tritt mit dem Fuß stößt sie sich an und dreht mehrmals um sich selbst. Das geht prima auf dem Klavierschemel. „Mach nicht so einen Stress", grummelt Eduard. Er mag es nicht, wenn Patty Unruhe in seinem Zimmer macht. Soll sie sich doch in ihrem eigenen Zimmer aufregen. „Komm du mir nicht auch noch blöd", giftet Patty zurück und stößt sich noch einmal ab. Eduard seufzt. „Also", fragt er, „was ist los?"

Patty verdreht die Augen. „Ich war bei Papa in der Praxis", beginnt sie zu erzählen. „Ich wollte ihn wegen heute Abend fragen." „Weil Martinsabend ist?" fragt Eduard dazwischen. „Genau", sagt Patty. „Er hat gerade einen Patienten dran gehabt und war am Bohren. Also hat er mir durch die Sprechstundenhilfe ausrichten lassen, dass er und Mama heute Abend zum Zahnarztkongress nach Berlin fahren." „Der ist doch erst morgen", wundert sich Eduard. Patty nickt. „Sie haben Karten fürs Theater", sagt Patty. Eduard sagt nichts mehr. Er geht durch das Zimmer und öffnet den kleinen Kühlschrank unter dem Fernseher. „Willst du ein Bitter Lemon?" fragt er. Patty nickt. Eduard setzt sich auf die Couch. „Und nun?" fragt er. Patty stößt sich wieder ab und dreht im Kreis herum. „Weiß nicht", murmelt sie. „Will Oma mit auf den Martinszug gehen?" „Weiß nicht", sagt Patty und dreht weiter. „Wir könnten im Keller schwimmen gehen", schlägt Eduard vor. Patty schüttelt den Kopf. „DVDs ansehen", versucht Eduard es erneut.

Praxis: Martin → Gestaltungsvorschlag Martinsfest

die StraXe

Patty dreht stumm im Kreis. „Tennis spielen?" „Essen ist fertig", ruft Oma durch die Haussprechanlage.

Eduard legt das Messer neben den Teller. Nach dem Mittagessen haben Patty und er den ganzen Nachmittag rumgehangen. Oma hat ihnen zwar vorgeschlagen, Laternen zu basteln und Martinslieder zu üben, aber schließlich sind die Zwillinge doch vor dem Fernseher hängen geblieben. Oma hat Martinsgans zum Abendessen gebraten, mit Klößen und Kraut. Eduard und Patty hatten aber keinen richtigen Hunger. Oma räumt die Teller weg und bringt aus der Küche eine große Rübe mit. „Wofür ist die denn?" staunt Patty, als Oma die Rübe auf den Tisch stellt. „Früher …", beginnt Oma, als die Tür aufgeschlossen wird.

„Was macht ihr denn hier", will Patty von ihren Eltern wissen, die mit den Koffern in den Händen in die Küche kommen. Papa reibt sich die Nase. Das macht er sonst nur, wenn er den Hochzeitstag vergessen hat. „Auto abgeschleppt", murmelt er einzelne Worte hervor. „Im Halteverbot geparkt, wegen Martinsumzug. Erst morgen abholen, den Wagen!" Dann legt er eine Tüte auf den Tisch. „Weckmänner", erklärt er. „Ist ja Martinsabend." Mama hat sich den Mantel ausgezogen und mit an den Tisch gesetzt. „Hast du die Rübe besorgt?" fragt sie Oma verwundert. Oma nickt. „Das ist lange her", murmelt Mama. Eduard und Patty schauen sie überrascht an. „Früher hat Oma mir gezeigt, wie man aus Rüben Laternen schneidet", erzählt sie dann und greift nach dem Küchenmesser. Zuerst schneidet sie den oberen Teil der Rübe ab und legt ihn beiseite. Dann schneidet sie mit dem Messer immer wieder in die Rübe hinein und holt die Rübenschnitze mit einem Löffel heraus. Schließlich ist die Rübe ganz ausgehöhlt. Papa hat sich mit an den Tisch gesetzt. Er greift nach der Rübe und schneidet geschickt einige Fenster hinein. Mama lacht. „Das konntest du früher schon gut!" sagt sie lächelnd. „Als wir uns kennengelernt haben", erklärt Papa, „haben wir am Martinsabend eine Laterne aus einer Rübe geschnitten und ins Fenster gestellt. So hat eure Mutter es von Oma gelernt und es mir beigebracht." Oma nickt. Sie hat ein Teelicht aus der Küche geholt und stellt es in die Rübe. „Du darfst den Deckel drauflegen", sagt Mama zu Patty. Schließlich stellt Eduard die Rübenlaterne ins Fenster.

Patty schließt leise die Tür von Eduards Zimmer hinter sich. Sie tastet sich durch die Dunkelheit bis zu Eduards Bett und setzt sich auf die Kante. „Ein herrlicher Abend", sagt Eduard leise. Patty nickt. Lange haben sie in der Küche zusammen gesessen. Mutter und Vater haben Geschichten von früher erzählt und Oma hat Kakao gemacht. Die Weckmänner haben gut geschmeckt. Drei sind noch übrig geblieben. Die haben Eduard und Patty mitgenommen, als sie zwischendurch kurz zum Schrebergarten gegangen sind, um die anderen Straxe zu treffen. Pio hat seine geheischten Bonbons geteilt. Als Eduard und Patty mit dem Beutel Süßigkeiten nach Hause gekommen sind, hat Papa eine alte Laterne vom Speicher gekramt und er und Mama haben singend in der Küche gestanden. Natürlich haben Eduard und Patty die Bonbons geteilt. Schließlich sind sie alle singend durchs Haus gezogen, sogar Oma war dabei. Als alle spät am Abend um die Rübenlaterne saßen, hat Papa gesagt: „Das sollten wir häufiger machen" und sich dabei an der Nase gerieben. „Das war ein schöner Abend", sagt Patty zu Eduard und geht in ihr Zimmer.

Erzählhinweis

Ich erzähle am Tisch sitzend mit den Rübenlaternen auf dem Tisch stehend.

Hinweise zur Arbeit mit dem Baustein

Mit den Kindern kann darüber nachgedacht werden, ob diese Geschichte eine Martinsgeschichte ist. Es kann gefragt werden, was an diesem Abend geteilt wurde.

Martinsfeuer

Auf einem freien Platz entzünde ich ein kleines Martinsfeuer. An diesem Feuer kommt das szenische Spiel zur Aufführung. Natürlich werden Martins- und Laternenlieder gesungen und es wird ums Feuer gezogen. Wenn das Feuer heruntergebrannt ist, kann ein Martinssprung gewagt werden. Dies geht aber nur bei älteren Kindern unter Aufsicht. Bei jüngeren Kindern stelle ich ein Teelicht auf den Platz und lasse sie darüber springen. Dieses Brauchtum verheißt dem Springer Glück.

Martinssegen

Zum Abschluss spreche ich mit den Kindern den Martinssegen von Seite 41 in diesem Heft.

Martins-Mitgebsel

Die Kinder bekommen am Schluss der Gestaltung Gänse-Meringen als Mitgebsel. Die Gänse-Meringen werden vorher aus Baiser und den entsprechenden Bausteinen aus Pappe gefertigt.

Gänse-Meringen

So geht's: Die Schablone der Laterngans abzeichnen (S. 30, oder selbst entwerfen) und Gänsekopf und Gänseschwanz aus weißem Tonkarton ausschneiden. Mit Buntstiften Augen und Schnabel auf beiden Seiten des Kopfes aufmalen. Dann mit einem Küchenmesser vorne und hinten am Baiser einen Schlitz einschneiden und hier Gänsekopf und Schwanz plazieren. Das Baiser ist der weiße Gänsekörper.
Besonders schön sieht es aus, wenn man die Gans auf eine blaue oder grüne Serviette setzt.

Alter der Kinder: ab 5 Jahren (mit Hilfe)
Material: weißer Karton, Schablone für Kopf und Schwanz, Schere, Buntstifte, Baiser / Meringe (vom Konditor oder abgepackt aus der Süßwarenabteilung), Küchenmesser

Tipp: Eine schöne Martinsgans-Bastelidee, ob als Bastelaktion, als Tischschmuck oder Überraschung nach dem Martinsumzug ...

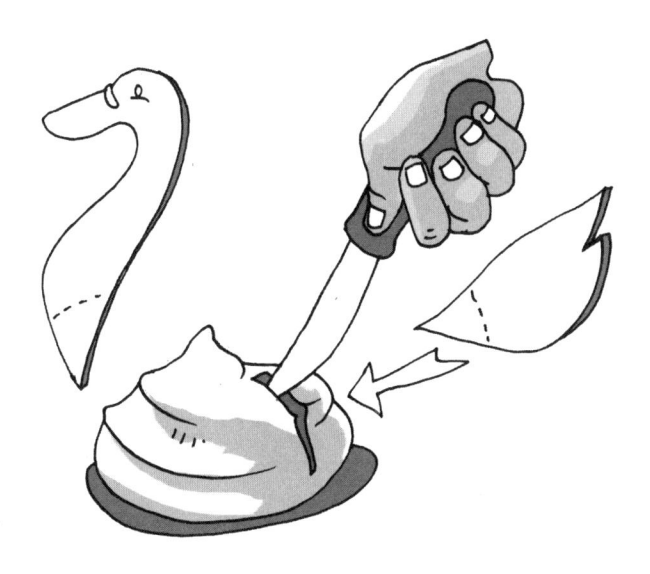

Inhalt

5	Einführung	36	Martin: Vom Teilen
9	Martin: Historisch		Geschichte: Simon teilt
	Herkunft	37	Aktion M
10	Steckbrief St. Martin		Martinsbrezeln backen
11	Martinslied: „St. Martin ritt durch Schnee und Wind"		Martinsgebet
		38	Die Straxe: Der Button mit dem M
12	Geschichte: Martins Mantel	39	Spiel: Mantel würfeln und teilen
13	Martinslied: „St. Martin"	40	Die Straxe: Martinsabend im Schreberschuppen
14	Martinslied „Sei gegrüßt St. Martin, Gottesmann"	41	Martinssegen
15	Martinssegen	42	Martin: Gestaltungsvorschlag Martinsfest
16	Martin: Brauchtum	48	Inhalt
	Text: „Laßt uns froh und munter sein"		
17	Brauchtumslexikon		
19	Geschichte „Verrat im Gänsestall"		
20	Essen und Trinken am Martinsabend		
	Bischofsbrot		
	Quark-Äpfel		
	Düppekuchen		
	Martinshörnchen		
21	Weckmänner		
	Martinsküchle		
	Johannisbeerpunsch		
	Gänse-Meringen		
	Martinsgänse aus Mürbeteig		
22	Die Straxe: Laterne, brenne hell		
23	Gedicht: Martins Gänse		
	Text: Ich gehe mit meiner Laterne		
24	Die Straxe: Vorstellung		
25	Gemeinschaftliche Martinsfahne		
26	Laternenbasteln		
	Grundform		
28	Bischofsmütze		
29	Laternemotive 1		
30	Gänselaterne		
32	Laternenmotive 2		
33	Rübenlaterne		
34	Laternenlieder		
	Ich gehe mit meiner Laterne		
	Durch die Strassen auf und nieder		
	Laterne, Laterne		